복음서의 히브리적 배경

이상준

복음서의 히브리적 배경

The Hebrew Background of the Gospel

복음서의 히브리적 배경

초판 1쇄 발행 | 2018년 2월 1일
초판 3쇄 발행 | 2020년 8월 4일

지은이 | 이상준
펴낸곳 | 이스트윈드
등록 | 제2014-000067호
주소 | 서울특별시 서초구 서초대로54길 39 지하
홈페이지 | 버드나무 아래 birdnamoo.com

값 12,000원
ISBN 979-11-88607-01-3 03230

잘못된 책은 바꾸어 드립니다.
이 책의 전부 또는 일부를 다시 사용하려면 저작권자의 동의를 받아야 합니다.

차례

- 6 예수님의 말씀이 어려운 이유
- 11 예수님이 사용하신 언어
- 15 복음의 두 방향
- 17 | 복음의 동진
- 23 | 복음의 서진
- 24 | 서구 세계의 반유대주의
- 28 | 반유대주의의 결과
- 35 복음서의 원어에 대한 기존의 가설
- 36 | 헬라어 기원설
- 39 | 아람어 기원설
- 51 | 사해문서의 발견
- 59 히브리어에 대한 증거
- 60 | 외적 증거
- 75 | 내적 증거
- 109 히브리어 마태복음
- 111 | 뮌스터의 마태복음
- 114 | 뒤틸레의 마태복음
- 131 | 솀 토브의 마태복음
- 176 | 히브리인들의 복음
- 206 미쉬나 히브리어
- 215 맺음말
- 218 참고 문헌

예수님의 말씀이 어려운 이유

　예수님을 믿는 우리 기독교인들에게 있어서 가장 중요한 말씀은 예수님의 삶과 그분이 선포하신 말씀을 기록한 복음서이다. 주님의 말씀은 우리가 하나님의 나라에서 영생을 누릴 수 있도록 우리를 인도하시는 '길과 진리와 생명'의 말씀, '천국 복음'이다. 이 천국 복음은 마태가 기록한 산상수훈에 집중적으로 나타난다.

　심령이 가난한 자는 복이 있나니
　천국이 그들의 것임이요
　마태복음 5:3

　복음서에 기록된 예수님의 가르침은 그분을 믿지 않

는 사람들도 감동할 정도로 놀랍고 아름다운 교훈으로 시대를 초월하여 지금까지도 동서를 막론하고 많은 사람들에게 훌륭한 '격언'으로 인정 받고 있다.

> 너희는 세상의 소금이니 …
> 너희는 세상의 빛이라
> 마태복음 5:13-14

예수님을 믿는 많은 사람들이 이 말씀을 읽고 우리는 세상에서 하찮은 존재가 아니라 소금처럼 꼭 필요한 존재, 빛과 같이 밝고 선을 행하는 존재로 살아야겠다는 문자적 의미와 자기만의 해석으로 받아들인다. 그것은 우리가 예수님의 말씀을 읽어도 그 뜻을 깨닫지 못하기 때문이다.

우리 예수님을 믿는 사람들의 가장 큰 불행은 주님의 말씀의 진정한 의미를 알지 못한다는 것이다. 그래서 주님의 말씀을 문자적인 수준으로만 이해하여 주님이 선포하신 진정한 하나님의 나라를 누리지 못하고 있다.

우리는 왜 예수님의 말씀을 문자적인 수준으로만 이해하고 있는가? 그것은 우리가 예수님의 말씀을 읽어도 원래 말씀하신 정확한 뜻을 파악할 수 없기 때문이다. 그러면 우리는 왜 예수님의 말씀을 읽어도 그 뜻을 알 수 없는 것인가? 그것은 예수님이 말씀하실 때, 그리고 제자들이 그 말씀을 기록할 때 사용한 언어가 지금 우리가 읽고 있는 성경에 기록된 언어와 다르기 때문이다.

언어는 생성과 발전 과정에서 고유의 문화를 담게 된다. 그래서 서로 다른 언어 사이에 사전적으로 뜻이 같은 단어가 있더라도 그 단어의 종합적인 의미와 사용되는 범위에는 차이가 있다.

또한 각각의 언어는 그 언어로만 사용하고 이해할 수 있는 관용적인 표현을 갖고 있다. 관용적 표현이란 어떤 사회에서 사람들이 관습적으로 사용하는 표현으로 그 단어의 사전적 정의만으로는 그 뜻을 알 수 없는 특수한 의미를 나타내는 표현이다.

예를 들면 '답답하다'는 의미의 '고구마'나 '시원하다'는 의미의 '사이다'는 많은 한국인이 아는 표현이지만 영어로 직역하면 'sweet potato, Sprite'가 된다. 영어권의 사람들이 이 단어들을 보고 한국인이 사용하는 관용적인 의미를 알아내는 것은 거의 불가능하다.

성경도 마찬가지다. 성경은 처음 기록될 때 그것을 기

록한 언어가 갖고 있는 의미와 관용적 표현을 사용하여 기록되었다. 그런데 복음이 열방으로 전파되면서 성경이 다양한 언어로 번역되기 시작했다.

성경을 번역하는 과정에서 번역가들은 처음에 기록된 말씀의 의미를 최대한 잘 전달할 수 있도록 노력했지만 언어의 문화적 차이, 오역, 관용구의 직역 등으로 인하여 원래의 의미가 소실된 경우가 많이 있다. 그래서 이렇게 번역된 성경으로는 원래 말씀의 온전한 의미를 알기가 어렵다.

현재 가장 많이 사용하는 한글 성경은 중국어와 영어 성경을 번역한 것이다. 그리고 중국어, 영어 성경 역시 다른 언어에서 번역한 것이다. 구약은 히브리어 사본을 번역한 것이고, 신약은 헬라어 사본을 번역한 것이다.

그러므로 우리가 읽는 한글 성경은 몇 차례의 번역을 거친 결과물이다. 그러니 우리가 성경에 처음 기록한 말씀의 온전한 뜻을 알기 힘든 것은 당연한 일이다. 원어를 한글로 바로 번역한 히브리어 및 헬라어 직역 성경들도 나왔지만 번역의 한계는 여전히 가지고 있다.

번역된 성경들이 원어의 의미를 온전히 담아내지 못하기 때문에 성경에 기록된 말씀의 원래의 뜻을 알기 위해서는 그것을 처음 기록하는데 사용된 원어를 알아야 한다.

구약 성경은 처음에 히브리어로 기록되었고 히브리어 사본들이 많이 남아 있다. 그래서 구약 성경에 사용된 히브리어를 보면 성경의 원어적 의미에 접근할 수 있다. 반면에 신약 성경은 구약과 다르게 거의 대부분 헬라어로 된 사본들이 남아 있다. 그래서 신약은 헬라어를 통해서 원어적인 의미들을 알 수 있다.

그러나 헬라어를 통해서 예수님의 말씀을 살펴보는 것으로 예수님의 말씀을 온전히 알 수 있는 것은 아니다. 복음서를 비롯한 신약의 대부분의 사본이 헬라어로 기록된 것이지만 2천년 전에 이스라엘 땅에 오신 예수님은 이스라엘 백성에게 히브리어로 말씀을 가르치셨기 때문이다.

예수님이 사용하신 언어

 예수님께서 히브리어로 말씀을 가르치실 때 많은 히브리적 표현, 관용구를 사용하셨다. 그래서 산상수훈을 비롯한 예수님의 중요한 가르침은 그 상당 부분이 히브리적 표현으로 되어 있다.

 예수님의 말씀에 사용된 히브리적 표현의 의미를 알지 못하면 말씀을 읽어도 어렵기만 하고 무슨 말인지 알 수 없는 것이 당연한 일이다. 예수님이 사용하신 많은 히브리적 표현은 히브리적 배경에서만 정확히 이해할 수 있다.

 성경을 기록한 원어에 관심이 있는 사람들은 구약이 히브리어로 기록되었다는 것과 구약을 이해하기 위해서 히브리어를 아는 것이 중요하다는 것을 잘 알고 있다. 그러나 원어에 관심을 갖는 사람들 중에 신약을 이해하는 데 있어서도 히브리어가 중요하다는 것을 아는 사람은 많지 않다.

예수님이 이 땅에 오셔서 선포하신 말씀은 새로운 말씀이 아니라 바로 아버지의 말씀, 하나님의 말씀이었다 (요 3:34, 7:16, 12:50, 14:10).

> 예수께서 대답하여 이르시되
> **내 교훈은 내 것이 아니요 나를 보내신 이의 것이니라**
> 요한복음 7:16

> 내가 이르는 것은 **내 아버지께서**
> **내게 말씀하신 그대로**니라 하시니라
> 요한복음 12:50

그 하나님의 말씀은 구약 성경에 기록된 말씀이다. 그리고 예수님은 그 구약의 말씀을 온전히 가르치기 위하여 이 땅에 오셨다.

> **내가 율법이나 선지자를** 폐하러 온 줄로 생각하지 말라

폐하러 온 것이 아니요 **완전하게 하려 함이라**

마태복음 5:17

    예수님은 구약 성경에 기록된 아버지의 말씀을 가르치셨기 때문에 주님의 가르침에는 구약에 있는 많은 히브리적 표현이 사용되었다. 그리고 예수님의 가르침을 받은 사도들도 그들이 들은 예수님의 말씀, 그리스도의 복음을 전하면서 역시 많은 히브리적 표현을 사용했다.

    바울은 자기가 전한 복음이 그리스도의 계시로 말미암은 것이고(갈 1:11-12) 그리스도의 복음 외에 다른 복음은 없다고 말했다(갈 1:7). 다른 제자들도 모두 예수님의 복음만을 증거했다. 그러므로 신약 성경 전체는 히브리적인 표현으로 가득하고 그 말씀들은 히브리적 배경으로 읽지 않으면 그 뜻을 제대로 알 수 없다.

    구약만이 아니라 신약까지, 성경 전체의 말씀이 히브리적인 표현으로 기록되었다는 것을 아는 것은 매우 중요하다. 지금 남아 있는 신약 성경 사본들이 헬라어로 기록되어 있지만 그것은 철저히 히브리적 배경에서 기록된 것들이다. 그러나 신약 성경, 특히 복음서의 원어적 배경에 대한 오랜 무지와 오해로 예수님이 가르치신 말씀의 진정한 의미를 깨닫는 것은 거의 불가능했다.

그동안 복음서의 말씀을 이해하는데 걸림돌이 되었던 두 가지 가설이 있는데 하나는 헬라어 기원설이고 다른 하나는 아람어 기원설이다. 두 가설이 많은 학자들에 의하여 지금까지 지지를 받을 수 있었던 것은 현존하는 신약 성경의 오래된 사본들이 헬라어와 아람어로 기록된 것들이기 때문이다.

헬라어와 아람어로 번역된 사본들이 생겨나게 된 것은 초기 기독교 역사와 밀접한 관련이 있다. 그러므로 신약 성경의 사본을 기록한 두 언어와 관련하여 초기 기독교 전파의 역사를 간략히 살펴보겠다.

복음의 두 방향

예수님을 믿은 최초의 유대인들은 '나사렛파Nazarenes'로 알려졌다.

우리가 보니 이 사람은 전염병 같은 자라
천하에 흩어진 유대인을 다 소요하게 하는 자요
나사렛 이단의 우두머리라
사도행전 24:5

그리고 얼마 후에 예수님을 믿은 최초의 이방인들은 '그리스도인Christians'이라 일컫게 되었다.

제자들이 안디옥에서 비로소
그리스도인이라 일컬음을 받게 되었더라
사도행전 11:26

    이방인 그리스도인의 최초의 교회는 시리아의 수도인 안디옥Antioch에 형성되었다. 그곳 사람들 중 일부는 헬라어를 사용했고 대부분은 아람어를 사용했다. 아람어는 시리아어Syriac라고 하기도 한다.

    기원후 70년에 예수님을 믿는 유대인들인 나사렛파 사람들은 그들의 중심지인 예루살렘을 떠나 펠라로 대거 이동하게 된다. 그리고 그들은 베뢰아와 데가볼리와 바산에 공동체를 형성하였다.

    이 나사렛파 사람들은 히브리어 성경을 사용했다. 4세기에 제롬Jerome은 베뢰아에 가서 그들이 사용하던 히브리어 마태복음을 필사했다고 전해진다. 예수님을 믿은 유대인들은 이 때까지 계속해서 히브리어로 기록된 복음서를 사용했던 것이다. 그러나 복음이 이방 세계로 전파되면서 아람어와 헬라어로 된 신약 성경이 필요하게 되었다.

복음의 동진

초기 기독교에서 바울이 지금의 시리아와 터키, 그리스와 이탈리아 지역으로 복음을 전하면서 복음이 서쪽으로 이동했다는 '복음의 서진'에 대하여 많은 사람이 알고 있다. 그러나 이것과 똑같이 중요한 가치를 가지고 있는 '복음의 동진'에 대해서 알고 있는 사람은 많지 않다.

바울이 그의 본거지인 시리아 안디옥에서 서방 세계로 전도 여행을 다니는 동안 대부분의 사도들은 동쪽으로 이동했다. 유럽을 향한 선교의 거점이 안디옥이었다면 동방 선교의 거점은 에뎃사Edessa였다.

에뎃사는 하란의 북쪽, 현재 터키의 우르파Urfa라는 지역에 있었던 나라다. 에뎃사는 역사상 최초로 기독교를 국가 종교로 받아들인 나라로 그 시기는 로마의 콘스탄티누스 황제가 기독교를 공인한 시기보다 약 1백년이나 앞선 기원후 200년 경이었다.

이 나라에 어떻게 복음이 전해지게 되었는지에 대해서는 몇 가지 이야기가 전해진다. 하나는 사도 중 한 사람인 도마가 예수님이 승천하시고 2년 후에 인도와 극동으로 가는 도중에 에뎃사에 복음을 전파했다는 것이다(이방민족지 Adverse Gentes).

또 다른 이야기는 70명의 제자 중 한 사람인 다대오에 관한 것이다. 당시 에뎃사의 국왕인 아브가르 우카마 Abgar Ukkama는 중병을 앓고 있었는데 이스라엘 지역을 방문한 사절단으로부터 예수님에 관한 보고를 받았다. 국왕은 예수님께 와서 자기 병을 고쳐달라는 것과 오는 길에 박해나 어려움이 있는 경우 신변을 보호해 드리겠다는 서신을 섰는데 그 서두에 '선한 의사 예수께'라고 기록해서 보냈다고 한다.

그 때 예수님은 승천하기 직전이었고 에뎃사를 방문하지 않으셨다고 한다. 대신 예수님이 승천하신 후에 제자 중 한 사람인 다대오가 에뎃사로 가서 아브가르 왕의 병을 치유하였다. 그것을 계기로 국왕과 많은 신하들이 예수님을 믿게 되었고 기독교를 국가 종교로 받아들이게 되었다.

에뎃사 복음 전파의 기원에 대한 이야기들에 관해서는 논쟁이 있지만 예수님의 제자에 의하여 복음이 전파된 것과 에뎃사가 국가적으로 복음을 받아들인 것은 부인할 수 없다.

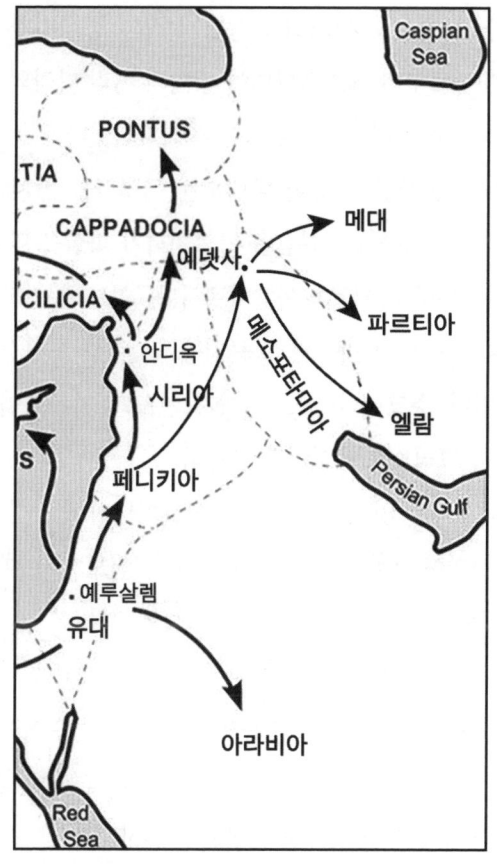

복음의 동진

에뎃사가 기독교 국가가 되자 이스라엘에서 로마의 박해를 피하여 나온 믿는 유대인들이 에뎃사로 이주하게 되었다. 그곳은 자연스럽게 동방 선교의 중심지가 되었고 에뎃사로부터 메소포타미아 지역의 여러 나라와 멀리 인도와 중국에 이르기까지 복음이 전파되었다.

에뎃사에 복음을 전한 다대오는 에뎃사를 거쳐 앗시리아와 페르시아에서 복음을 가르치다가 화살을 맞고 순교했다. 도마는 파르티아, 페르시아, 인도에서 복음을 전하다가 인도의 마드라스 근처에 있는 성 도마산에서 창에 맞아 순교했다. 오늘날까지 인도의 기독교인들은 '성 도마 그리스도인'이라고 불린다.

바돌로매는 앗시리아를 거쳐 아르메니아에 갔다가 다시 앗시리아, 엘람, 파르티아를 지나 인도까지 내려갔다. 그는 그곳에서 산 채로 피부가 벗겨졌다.

사도들이 히브리어로 기록된 복음을 가지고 동쪽으로 이동했다는 것은 교부들의 증언을 통해서 알 수 있다.

> 판테누스는 인도까지 들어갔는데 그곳에서 그는 마태복음을 발견했다. 그것은 그가 도착하기 전에 메시아를 알고 있는 누군가에게 전달된 것이었다.

그에게 복음을 전한 사람은 예수님의 열두 사도 중
하나인 바돌로매이며 그가 그들에게 히브리어로
기록된 마태복음을 남겨준 것이라고 전해진다.
- 유세비우스 교회사 5:10

열두 사도 중 하나인 바돌로매가 그곳(인도)에서
마태복음으로 우리 주 예수 메시아의 강림에 대하여
전했는데 그 복음서는 히브리어로 기록된 것이었다.
- 제롬 De Vir. 3:36

이스라엘에서 시리아, 앗시리아, 엘람, 페르시아와 아래로 인도에 이르는 모든 근동의 교회를 '동방 교회'라고 불렀다. 5-6세기에 예수님에 대한 논쟁으로 동방 교회는 네스토리우스파Nestorians와 야곱파Jacobites로 갈라지게 되었다.

오늘날 동방 교회는 더 많은 그룹으로 나누어졌는데 네스토리우스파, 야곱파, 칼데아 로마 카톨릭Chaldean Roman Catholics과 마론파Maronites다. 그들은 모두 아람어로 된 신약 본문을 계속해서 사용해 왔다.

1498년에 로마 카톨릭을 믿는 포르투갈인들이 인도

를 침략했을 때 그들은 말라바 해변을 따라 성 도마 그리스도인의 교회 백여 개를 발견했다. 전승에 따르면 이 성 도마 그리스도인들은 1세기부터 그곳에 있었다고 한다. 그들은 성직자와 결혼할 수 있었고 그림이나 조각을 섬기지 않았으며 성인들에게 기도하지 않았고 연옥을 믿지도 않았다.

중요한 것은 그들이 아람어로 된 신약 성경을 사용한 것인데 그들은 그것이 안디옥에서부터 사용한 것이라고 했다. 예수님의 제자들은 복음을 가르치기 위하여 히브리어로 기록한 복음서를 가지고 갔고 안디옥과 동방 지역에서 예수님을 믿게 된 기독교인들이 직접 예수님의 말씀을 읽을 수 있도록 하기 위하여 복음서가 아람어로 번역되어 사용된 것이다.

복음의 서진

많은 사도들이 메시아의 복음을 동쪽으로 전하는 동안 바울은 서구 세계로 나아가고 있었다. 바울은 그의 복음 전파의 본거지인 시리아의 수도 안디옥에서 유럽으로 수 차례의 전도 여행을 떠났다. 그 시대에 유럽은 헬라어를 공용어로 사용하고 있었기 때문에 자연스럽게 헬라어로 번역된 신약 성경이 나오게 되었다.

복음의 서진

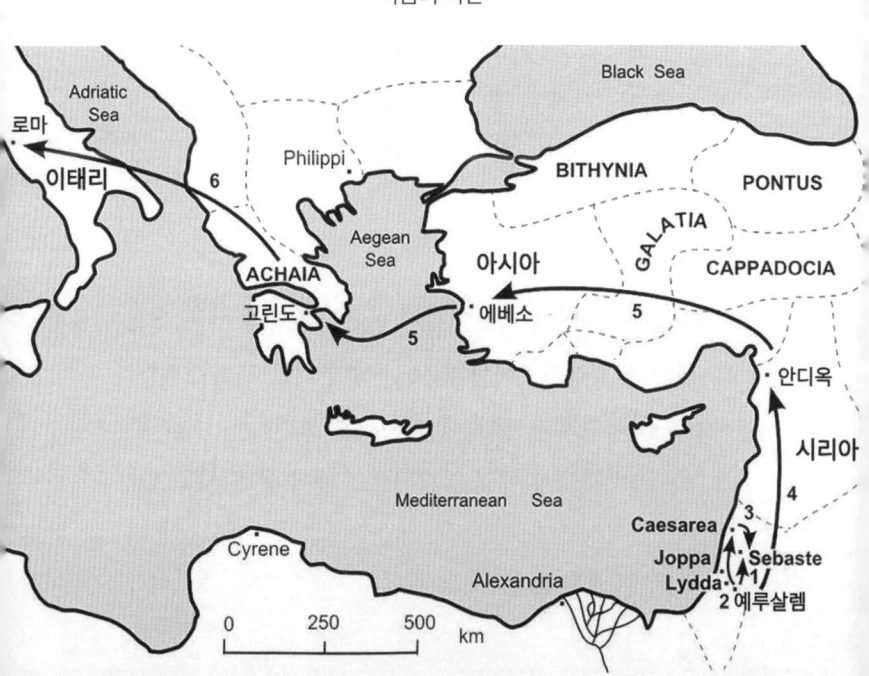

서구 세계의 반유대주의

시간이 지나면서 서구 세계에 반유대주의Anti-Semitism를 크게 부추기는 일련의 사건들이 일어났다. 이것은 기원후 66-70년 유대인들의 로마 제국에 대한 반란The Great Revolt으로 시작되었다. 두번째 반란은 116년에 이집트에 있는 유대인들이 일으켰다. 그리고 132년 바르 코크바의 반란Bar Kokhba Revolt은 상황을 더욱 심각하게 만들었다.

로마 제국에서 반유대주의가 점점 성행했고 그것은 심지어 애국적인 것으로 여겨졌다. 서구 세계에서 이방인 기독교는 유대교 및 그들의 관습과 거리를 두려고 했다. 사람들은 히브리어 성경보다 헬라어 성경을 선호하게 되었고 결과적으로 히브리어로 기록된 많은 책들이 소멸되었다.

기원후 325년에 이르기까지 반유대주의와 서구 세계의 헬라어 성경을 우선시하는 경향이 더욱 확고해졌다. 콘스탄틴은 황제가 된 후에 기독교를 보편적Catholic 종교, 즉 로마 제국 안에서 강제적으로 믿어야 하는 국교로 만들었다. 이 일이 있기 전에는 한 사람이 기독교인이라는 이유로 죽임을 당할 수 있었으나, 이 일 후에는 기독교인이 아니라는 이유로 죽임 당하게 되었다.

콘스탄틴은 반유대주의자였다. 그는 325년에 니케아 공의회the First Council of Nicaea를 소집하여 기독교의 기준을 정했다. 이 회의에 유대인들은 제외되었다. 그리고 유대인의 관습이 공식적으로 금지되었고 헬라어 번역 성경이 공식적으로 히브리어 성경을 대체하게 되었다.

325년에 니케아 공의회에서 믿는 유대인들이 배제된 이후에 그리스도론Christology에 대한 논쟁이 있었던 공의회에서는 예수님을 믿는 앗시리아인들과 시리아인들이 배제되었다. 431년에 열린 에베소 공의회the Council of Ephesus에서는 네스토리아파 앗시리아인들이 소외되었고 451년의 칼케돈 공의회the Council of Chalcedon에서는 야곱파 시리아인들이 제외되었다. 근동 지역에서 예수님을 믿는 셈 민족들과 로마 카톨릭 교회와의 분열은 점점 깊어져 갔다.

근동 지역에서의 이슬람의 태동은 근동의 기독교인들과 서구 유럽의 기독교인들 사이를 더욱 멀어지게 했다. 기독교가 지배하는 세계와 이슬람이 지배하는 근동 사이의 교류는 사라지게 되었다.

이후에 서구 세계에서 로마 카톨릭 교회는 사람들이 성경을 가지지 못하도록 억압하기 시작했다. 일반 대중에게 성경을 유포하려는 자는 산 채로 불에 태워지곤 했다. 이런 억압은 근동에서는 불가능한 것이었다. 근동 지역에서는 이미 일반 대중의 공용어인 아람어로 된 성경을 사용하고 있었다.

서구 사회에서 카톨릭 교회에 대한 반발로 개신교의 개혁 운동이 일어났는데 그들은 헬라어 신약 성경을 신약 성경의 원본이라고 여겼다. 그 시대에 유럽의 대다수 사람들은 히브리어 및 아람어 신약 성경의 존재 자체를 몰랐다.

이러한 흐름 속에서 1516년에 유럽에서 최초로 헬라어 신약 성경의 인쇄본이 탄생했다. 이 성경은 에라스무스Desiderius Erasmus가 출판한 것으로 '텍스투스 리셉투스Textus Receptus', 즉 '공인 사본'으로 알려졌다. 이 사본은 19세기에 이르기까지 헬라어 표준 사본으로 사용되었다.

그러나 이 사본의 1판은 오직 여섯 개의 헬라어 사본을 기초로 이루어졌으며, 이후에 나온 판들도 열 개의 사본을 토대로 만든 것이었다. 이 사본들 중에 성경 본문이 모두 들어 있는 온전한 사본은 없었으며 그 중에서 가장 오래된 유일한 사본도 10세기의 것이었다. 이것은 상당히 후대의 것으로 다른 오래된 사본은 4-6세기에 기록된 것이 있으며 이보다 이른 시기에 사용된 파피루스는 2세기 초의 것도 발견되었다.

에라스무스가 헬라어 신약 성경에 사용한 사본들 중에 어느 것도 온전한 것이 없었기 때문에 그는 계시록에서 누락된 많은 부분을 라틴어로 기록된 불가타역에서 헬라어로 번역해서 채울 수 밖에 없었다. 이것이 서구 세계에서 수 세기 동안 헬라어 원본이라고 여겨왔던 헬라어 성경의 현실이다. 그리고 이것은 이후에 킹 제임스 성경King James Version, KJV의 기초가 되는 사본으로 사용되었다.

반유대주의의 결과

서구 세계의 반유대주의는 탈유대화Dejudaization라는 결과를 낳게 되었다. 그것은 유대적인 모든 요소를 분리시키는 것만이 아니라 모든 유대적 요소들을 제거하려는 움직임이었다. 탈유대화의 역사적 사건들과 그것이 지금까지 교회에 미친 영향은 막대했다.

1. 유대 절기와의 분리

기원후 325년 유대인들이 배제된 가운데 열렸던 니케아 공의회에서 결정된 사항 중 하나는 '유대 달력으로부터의 독립'이었다. 이것은 교회의 절기인 '부활절Easter'을 어떻게 계산하느냐의 문제에서 시작되었다.

부활절은 유월절(무교절), 초실절과 연결되는 절기이다. 교회에는 부활절을 이 유대의 절기에 맞춰야 한다고 주장하는 사람들도 있었다. 그러나 다른 한편에서는 유대 달력의 유월절은 니산월 14일이고 이것이 춘분과 일치해야 하는데 유대인들은 춘분과 일치하지 않는 잘못된 달력을 지키고 있기 때문에 그것에 맞추면 안 된다고 주장하는 사람들이 있었다.

결과적으로 니케아 공의회는 부활절을 유대인의 달력의 절기와 분리시켰고 이것으로 부활절과 교회의 다른 모든 절기들은 성경에 하나님이 명령하신, 그리고 유대인들이 지키고 있는 절기들과 다른 날짜에 지켜지게 되었다.

2. 유대인의 추방과 학살

유럽의 카톨릭 교회는 12세기부터 '이교도'를 심판하는 '종교 재판'을 시작했다. 종교 재판은 스페인과 포르투갈에서도 있었는데 중세 후기에 이 두 나라는 이슬람과 유대교의 영향을 받는 여러 영토를 포함하고 있었다.

14세기 말에 스페인의 일부 지역에서 폭력적인 반유대주의 경향이 있었다. 1391년 스페인의 세비야Sevilla에서는 수백 명의 유대인이 죽임을 당했고 그들의 회당이 완전히 무너지게 되었다. 이 유대인 학살로 수천 명의 유대인들이 카톨릭으로 개종하게 되었다. 그리고 1492년에는 개종하지 않는 유대인들이 모두 스페인에서 쫓겨났고 카톨릭에서 유대교로 개종한 자들까지 이교도로 취급되어 종교 재판을 받았다.

포르투갈의 종교 재판은 1536년에 포르투갈 왕의 요청으로 시작되었다. 포르투갈 종교 재판은 '세파르딕 유대인들Sephardic Jews'을 대상으로 행해졌다. 세파르딕 유대인은 15세기 경에 스페인과 포르투갈을 포함한 이베리아 반도Iberian Peninsula에 거주했던 유대인들을 말한다.

그들은 기독교로 개종할 것을 강요받았다. 스페인의 종교 재판으로 1492년에 스페인에서 쫓겨난 많은 유대인들이 포르투갈로 옮겨갔는데 그들은 결국 그곳에서도 종교 재판의 대상이 된 것이다.

초기 기독교의 교부들은 유대인에 대한 적대적 발언을 했다. 여기에는 교회사에서 잘 알려진 크리소스톰John Chrysostom, 유세비우스Eusebius, 오리겐Origen 뿐만 아니라 종교 개혁의 아버지인 마틴 루터Martin Luther도 포함된다. 마틴 루터는 죽기 며칠 전에 이런 설교를 했다고 전해진다.

유대인들은 가장 심한 형벌을 받아 마땅하다.

그들의 회당은 부서져야 하고 그들의 집은 무너져야 한다.

그들은 추방되어 집시들과 같이 텐트에서 살아야 한다.

그들의 종교적 문헌(구약과 탈무드)은 없어져야 한다.

랍비들이 토라를 가르치는 것을 금해야 한다.

그들은 어떤 신앙적 고백도 해서는 안 된다.

그들에게는 오직 가장 고생스러운 일만이 주어져야 한다.

그들의 재산은 몰수해야 한다. …

유대인의 마음은 막대기 같이, 돌 같이, 쇠 같이,

악마와 같이 굳었다.

유명한 역사학자인 윌리엄 쉬러William L. Shirer는 그의 저서에서 독일 교회가 수백만 명의 유대인을 학살한 홀로코스트의 두 가지 요인 중 하나는 루터의 반유대적 발언의 영향을 받은 것이라고 말했다.

3. 유대 문헌의 소멸

가장 잘 알려진 유대인들의 문헌으로 탈무드Talmud가 있다. 탈무드는 기원 후 3세기경 랍비들의 구전 율법을 정리한 미쉬나Mishnah와 기원 후 4-5세기에 작성된, 미쉬나에 대한 주석인 게마라Gemara로 이루어졌다. 유대인들은 모세가 시내 산에서 성문 율법Written Torah인 토라와 함께 구전 율법Oral Torah을 같이 받았다고 믿었고 이 두 가지 모두를 하나님이 주신 율법으로 중요하게 여겼다.

카톨릭으로 개종한 유대인인 니콜라스 도닌Nicholas Donin은 1236년에 교황 그레고리 9세Pope Gregory IX에게 탈무드를 고발하는 35개의 조항을 적은 문서를 제출했다. 그 중에는 탈무드가 예수님과 마리아의 신성을 모독하고 교회를 공격하며 이방인에 대한 적대감을 나타낸다는 내용이 포함되어 있었다. 또한 유대인들이 성경보다 구전 율법을 더 신성하게 여기며 이것은 그들이 기독교로 개종하는 것에 방해가 된다고 주장했다.

그레고리 교황은 프랑스 안의 교회들에 서신을 보내어 1240년의 어느 토요일, 유대인들의 안식일에 그들이 회당에서 기도하고 있을 때에 유대 문헌을 몰수하도록 했다. 그리고 히브리어로 된 책을 소유한 자가 몰수를 거부하면 추방시켰다. 그는 또 고발된 것과 같은 내용을 포함하고 있거나 그런 종류의 (히브리어로 기록된) 책은 불태우라는 명령을 내렸다.

2차 세계대전 때에도 유대인들의 책이 불태워졌다.

(1933년 5월 10일 독일 베를린)

프랑스와 영국과 스페인과 포르투갈의 왕도 이와 비슷한 명령을 내렸다. 그리하여 1242년 6월, 마차 24개에 가득 실린 약 일만 권에 이르는 유대 문헌이 공개적으로 불태워졌다. 이 문헌들의 사본은 로마로 수탈되거나 그곳에서 파기되었다.

유럽의 감독들은 계속해서 탈무드를 불태울 것을 명령했다. 유대 문헌을 불태우는 움직임은 프랑스 이외에도 영국, 남부 이탈리아, 스페인 등에서도 일어났다.

감독들이 명령한 것은 탈무드를 불태우는 것이었지만 대부분 히브리어를 알지 못했던 그들은 히브리어로 된 모든 책들을 보이는대로 불태웠을 것이다. 15세기 중반에 프랑스에서 불에 타서 소멸된 히브리어로 된 문서 중에는 마지막 남은 히브리어 마태복음 원본이 있었다고 전해지기도 한다.

마태복음을 포함하여 신약 성경의 초기 히브리어 사본은 하나도 남지 않았다. 아마도 이 사본들은 단지 유대인들에 의하여 히브리어로 기록되었다는 이유로 서구 세계의 반유대주의라는 거대한 불길에 휩싸여 영원히 역사 속으로 사라졌을 것이다.

복음서의 원어에 대한 기존의 가설

 지금까지 살펴본 것처럼 처음에 히브리어로 주어진 예수님의 말씀은 동방에 복음을 전하면서 아람어로 번역되었고, 서방 세계에는 헬라어로 번역되어 전파되었다. 그리고 서구 기독교에서 발생한 거센 반유대주의로 인하여 히브리어 신약 성경은 자취를 감추게 되었다.

 그래서 지금 우리에게 남아 있는 이른 시기의 사본들은 헬라어와 아람어로 된 것뿐이다. 그 결과 신약 성경의 헬라어 기원설과 아람어 기원설이 발생하게 되었다.

헬라어 기원설

먼저 헬라어 기원설을 살펴보면, 성경을 연구하는 많은 학자들은 신약 성경이 처음부터 헬라어로 기록된 것이라고 생각했다. 그것은 서구 사회의 오랜 반유대주의의 역사 속에서 교회가 히브리의 뿌리를 끊고 헬라의 뿌리에 접붙여졌으며, 지금 남아 있는 신약 성경의 오래된 사본들이 대부분 헬라어로 된 것이기 때문이다.

가장 오래된 헬라어 마태복음 파피루스(기원후 2-3세기 추정)

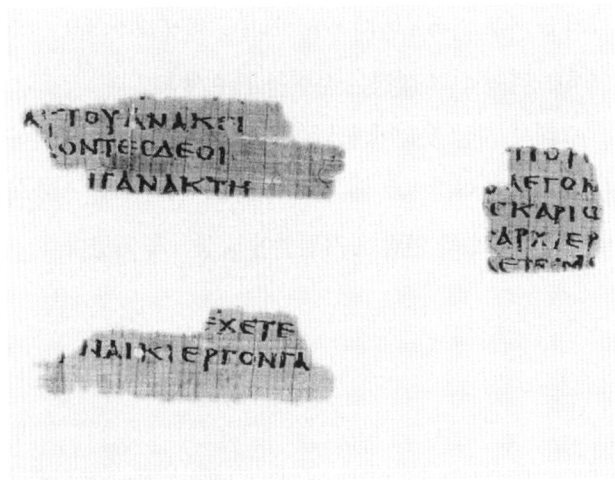

물론 헬라어로 된 신약 성경의 생성은 자연스러운 일이었다. 예수님과 사도들의 시대에 이스라엘을 지배했던 로마 제국의 공용어가 헬라어였으므로 이방인들에게 복음을 전하기 위하여 헬라어로 말씀을 기록할 필요가 있었기 때문이다. 그래서 사도들이 이스라엘 밖에 있는 믿는 자들에게 보낸 서신서는 처음부터 헬라어로 기록되었을 수 있다.

그러나 대부분의 공생애 기간을 이스라엘 땅 안에서 하나님 나라의 복음를 전파하고 가르치신 예수님의 말씀과 그분의 삶을 기록한 복음서는 얘기가 다르다. 예수님의 말씀은 1차적으로 이스라엘 땅에 살고 있는 유대인들에게 말씀하신 것이다.

예수님이 활동하시던 1세기의 이스라엘에서는 말하고 쓰는 언어로 히브리어가 사용되었다. 이것은 비교적 최근에 알려진 사실이다. 이것에 대한 구체적이고 다양한 증거들은 이후에 설명할 것이다.

예수님과 제자들을 포함하여 1세기에 이스라엘에서 살았던 유대인들이 말하고 기록하는데 사용했던 언어는 히브리어였으므로 당연히 예수님의 말씀도 처음에는 히브리어로 기록된 것이다.

사도들의 서신서 중 일부는 처음에 히브리어로 기록되었고 일부는 헬라어로 기록되었을 수 있다. 그러나 예수님의 제자들인 사도들은 예수님으로부터 가르침을 받은 말씀으로 서신서를 썼다. 예수님은 히브리어로 말씀을 가르치셨기 때문에 제자들이 그것을 히브리어로 기록했든 헬라어로 기록했든 그 내용은 히브리적인 것일 수 밖에 없다.

그러나 복음서와 신약 전체가 처음부터 헬라어로 기록되었다는 전통적인 오해는 신학자들과 일반적인 기독교인들을 크게 잘못된 방향으로 이끌었다. 신약 성경에 대한 학자들과 기독교인들의 연구는 헬라어와 그것이 형성되고 사용된 헬레니즘적 배경에 집중될 수 밖에 없었다. 신약 성경에 사용된 헬라어는 단지 예수님의 말씀을 번역하여 전달하는 수단에 불과했다. 그러나 그동안의 신약 성경 연구는 헬라어라는 문자적인 부분에 거의 집중되어 있었다.

아람어 기원설

예수님의 말씀의 진정한 의미를 깨닫는 것을 방해했던 또 다른 큰 걸림돌은 복음서의 아람어 기원설이다. 아람어 기원설은 예수님 시대에 이스라엘 사람들이 더 이상 히브리어를 사용하지 않았고 아람어를 사용했으며 따라서 복음서가 처음에 아람어로 기록되었고 이후에 헬라어로 번역되었다는 가설이다.

아람어 기원설이 나온 것은 이스라엘의 오랜 역사와 관련이 있다. 구약의 이스라엘 왕정 시대에 이스라엘을 침략하고 지배했던 세 제국, 앗수르, 바벨론, 페르시아는 모두 그들이 다스리던 제국의 공용어로 아람어를 사용했다.

이스라엘이 북이스라엘과 남유다로 나누어진 후에 먼저 북이스라엘이 앗수르에게 멸망하여 강제적으로 이주를 당하고 북이스라엘의 남은 백성들은 앗수르의 지배를 받았다. 그리고 이후에 바벨론에 의하여 남유다 왕국이 멸망을 당하고 많은 백성이 바벨론에 포로로 끌려갔다.

앗수르와 바벨론으로 강제로 끌려간 백성들은 자연스럽게 제국의 공용어인 아람어를 사용하게 되었다. 그들 중에는 조상 때부터 사용하였고 그들의 신앙의 근간이 되는 히브리어를 끝까지 지키려 했던 사람들도 있었지만 포로 생활에 익숙해져서 히브리어를 점점 잊어버리고 아람어만 사용하는 사람들도 있었다. 그리고 그들의 자손들은 히브리어를 배울 기회가 없이 아람어만을 사용하게 되었다.

이런 사실은 성경에도 기록되어 있다. 유대인들은 바벨론 포로 생활에서 돌아온 후에 일반 백성들이 율법을 지킬 수 있도록 그들에게 율법을 읽어주었다. 율법은 당연히 히브리어로 기록된 것이었다. 그러나 오랫동안 히브리어를 사용하지 않아서 잊어버린 유대인들과 그들에게서 히브리어를 배울 수 없었던 자손들은 율법에 기록된 말씀을 알아들을 수 없었다.

그래서 에스라가 백성들에게 율법을 가르칠 때 레위인들이 그들이 알아들을 수 있는 말, 아람어로 히브리어 율법을 해석해 주었다. 이것이 후대에 '탈굼Targum'이라는 이름으로 전해지는 아람어 해석 성경의 기원이다.

레위 사람들은 백성이 제자리에 서 있는 동안
그들에게 율법을 깨닫게 하였는데
하나님의 율법책을 낭독하고 그 뜻을 해석하여
백성에게 그 낭독하는 것을 다 깨닫게 하니
느헤미야 8:7,8

아람어 기원설을 주장하는 학자들은 이스라엘이 이렇게 바벨론 포로기를 겪으면서 히브리어를 완전히 잊고 그들의 언어가 아람어로 대체되었으며 그것이 예수님의 시대에도 계속 이어져 복음서가 처음부터 아람어로 기록되었다고 주장한 것이다.

아람어 기원설의 영향

19세기 말부터 20세기에 걸쳐서 복음서의 아람어적 배경에 대하여 연구하고 그것을 지지하는 학계의 큰 흐름이 있었다. 그러한 학자들로 웰하우젠, 달만, 버니, 토레이, 몽고메리, 버로우즈, 타일러, 블랙, 짐머만, 핏츠메이어 등이 있다.

아람어 기원설은 학계에 큰 영향을 미쳤다. 1-2세기 경 히에라폴리스Hierapolis의 교부 파피아스Papias는 "마태가 그 말씀을 히브리어로 기록했고 다른 이들이 할 수 있는대로 그것을 번역했다"고 기록했다. 아람어 기원설을 지지하는 학자들은 예수님 시대에 아람어가 히브리어를 대체했다고 믿었기 때문에 파피아스가 말한 '히브리어'가 '아람어'를 가리키는 것이라고 생각했다.

이런 영향은 심지어 성경 번역에까지 나타났다. 일부 영어 성경은 신약 성경 원문에 '히브리어'라고 나온 것을 '아람어'로 번역하기도 했다. 예를 들면

> 예루살렘에 있는 양문 곁에 **히브리 말**로
> 베데스다라 하는 못이 있는데
> 요한복음 5:2

이 구절에서 "히브리 말"은 원문에 헬라어로 '헤브라이스티(Ἑβραϊστὶ)'라고 나오는데 이것은 정확히 '히브리어'를 의미한다. 그러나 가장 대중적으로 사용되는 영어 성경 역본 중 하나인 NIV(New International Version) 성경은 이것을 'Aramaic', 즉 '아람어'라고 번역했고

NASB(New American Standard Bible) 성경은 '히브리 방언Hebrew dialect'이라고 번역하고 '유대 아람어Jewish Aramaic'라고 각주를 달고 있다.

학계에 광범위하게 미친 아람어 기원설의 영향은 일반 크리스찬에게까지 확대되었다. 2004년에 개봉한 예수님의 십자가 고난을 다룬 영화 〈패션 오브 크라이스트 The Passion of the Christ〉에서는 예수님이 아람어로 말씀을 가르치고 대화하시는 모습으로 나오기도 했다.

이 영화는 전 세계적으로 흥행했으며 한국에서도 역대 개봉 종교 영화 1위로 300만명 이상이 관람했고 2017년에 재개봉하기도 했다. 이 영화를 통해 많은 기독교인들이 예수님께서 아람어로 말씀하셨다는 생각을 갖게 되었을 것이다.

아람어 기원설의 근거

예수님 시대에 일상어로 아람어가 사용되었다고 주장하는 사람들의 근거 중 하나는 복음서에 '달리다굼', '에바다', '랍오니'와 같은 아람어가 사용되었다는 것이다.

그 아이의 손을 잡고 이르시되 **달리다굼** 하시니

번역하면 곧 내가 네게 말하노니 소녀야 일어나라 하심이라

마가복음 5:41

하늘을 우러러 탄식하시며 그에게 이르시되

에바다 하시니 이는 열리라는 뜻이라

마가복음 7:34

예수께서 마리아야 하시거늘 마리아가 돌이켜

히브리 말로 **랍오니** 하니 (이는 선생님이라는 말이라)

요한복음 20:16

그러나 그들이 애써 무시하는 중요한 사실은 복음서에는 이보다 더 많은 히브리어가 사용되었다는 것이다. 신약 성경에 사용된 히브리어의 예는 다음과 같다.

사탄(마 4:10 등) - 히브리어 '사탄(שטן)'(대상 21:1 등)

아멘(마 5:18 등) - 히브리어 '아멘(אמן)'(민 5:22 등)

바알세불(마 10:25 등) - 히브리어 '바알(בעל)'과

'제불(זבל)'(삿 8:33, 창 30:20 등)

샤밧(마 12:1 등, 한글 성경에는 '안식일'로 번역됨)
  - 히브리어 '샤밧(שבת)'(출 16:23 등)

호산나(마 21:9 등) - 히브리어 '호샤나(הושע נא)'
  (시 118:25)

랍비(마 23:7 등) - 히브리어 '라브(רב)', '랍비(רבי)'
  (창 13:6 등)

보아너게(막 3:17) - 히브리어 '브네 레게스(בני רגש)'

고르반(막 7:11) - 히브리어 '코르반(קרבן)'(레 1:2 등)

바트(눅 16:6) - 히브리어 '바트(בת)'(사 5:10)

고르(눅 16:7) - 히브리어 '고르(כר)'(왕상 4:22 등)

복음서에 사용된 히브리어 중에는 히브리어와 아람어 양쪽 모두에 속하는 단어들도 있다. '아바', '랍비', '랍오니'는 원래 아람어지만 히브리어로 기록된 랍비들의 문서들 안에 자주 나타난다.

이런 단어들은 이스라엘이 오랫동안 아람어 문화권과 인접해 있으면서 그들과의 교류를 통하여 아람어에서 차용한 단어들이 자연스럽게 일상적인 히브리어 안으로 들어온 것이다. 한글을 사용하는 우리나라에 '택시'나 '빵'과 같은 외래어가 자연스럽게 유입된 것과 같다.

히브리어와 아람어는 같은 셈어Semitic language에서 나온 언어로 유사한 부분이 많기 때문에 이런 현상이 더 쉽게 일어날 수 있었다. 히브리어를 사용하는 유대인들에게 아람어는 낯설지 않은 언어였고 쉽게 가져와서 사용할 수 있었던 것이다. 그래서 히브리어로 기록된 랍비 문헌을 보면 아람어에서 차용한 단어들이 자주 사용되는 것을 볼 수 있다.

신약 성경 사전에서 아람어라고 설명하는 단어들이 이에 해당하는 경우가 많다. 예를 들면, 예수님이 아람어로 말씀하셨다는 근거로 제시되는 가장 대표적인 것이 십자가에서 외치신 '엘리 엘리 라마 사박다니'(마 27:46, 막 15:34)다. 이것은 시편 22편을 인용하신 것이다.

> 내 하나님이여 내 하나님이여 어찌 나를 버리셨나이까 …
> 시편 22:1

이 말씀은 히브리어로 'אלי אלי למה עזבתני(엘리 엘리 라마 아자브타니)'이다. 그런데 예수님은 가장 뒷부분의 '아자브타니'를 '사박다니'로 바꿔서 말씀하셨다. 아람어를 지지하는 학자들은 '사박다니'가 아람어이기 때문에 예수님이 히브리어가 아니라 아람어를 말씀하셨다고 주장한다. '사박다니'는 아람어가 맞다. 하지만 이것은 히브리어이기도 하다. 이것은 예수님 시대에 이스라엘 사람들이 사용한 '미쉬나 히브리어'다(206쪽 '미쉬나 히브리어' 참고).

먼저 이 부분을 헬라어로 살펴보면, 한글 성경에는 마태복음과 마가복음 둘 다 똑같이 '엘리 엘리 라마 사박다니'라고 나오지만 헬라어 원문은 차이가 있다.

마태복음 27:46　ηλι　ηλι　λαμα　σαβαχθανι
　　　　　　　엘리　엘리　라마　사박타니
마가복음 15:34　ελωι　ελωι　λεμα　σαβαχθανι
　　　　　　　엘로이 엘로이　레마　사박타니

마태복음의 앞부분인 '엘리 엘리 라마'는 히브리어를 음역한 것이고, 마가복음의 앞부분인 '엘로이 엘로이 레마'는 아람어의 음역이다. 뒷부분의 '사박다니'는 둘 다 같은 단어가 사용되었는데 이 단어가 아람어와 미쉬나 히브리어 모두에 사용되기 때문이다.

예수님은 이것을 한 번 말씀하셨는데 마태는 그것을

히브리어로 기록했고 마가는 아람어로 기록했다. 그러면 예수님이 말씀하신 것은 히브리어인가 아니면 아람어인가? 그것은 바로 다음 구절을 보면 알 수 있다.

> 곁에 섰던 자 중 어떤 이들이 듣고 이르되
> 보라 **엘리야**를 부른다 하고
> 마가복음 15:35 (= 마태복음 27:47)

예수님이 '엘리 엘리'하고 외치시자 곁에 있던 사람들이 '엘리야'를 부른다고 했다. '엘리야'는 히브리어로 'אליהו(엘리야후)'이고 줄여서 'אלי(엘리)'라고 부르기도 한다. 이것은 예수님이 히브리어로 외치신 'אלי(엘리)'와 정확히 일치한다. 히브리어로 '엘리'는 '나의 하나님'과 '엘리야' 둘 다를 의미하기 때문에 예수님이 '나의 하나님'이라는 의미로 '엘리'라고 외치셨을 때 사람들은 그것을 '엘리야'를 부른 것으로 알아들은 것이다.

그러나 마가가 기록한 아람어 '엘로이'는 이렇게 사용될 수 없다. '엘로이'는 오직 '나의 하나님'만을 의미하며 아람어로 '엘리야'를 의미하는 'אליא, אליה(엘리아)'와는 다르다.

히브리어 **엘리**(אֵלִי) = 나의 하나님 = 엘리야

아람어 **엘로이**(אֱלֹהִי) = 나의 하나님 ≠ 엘리야

그러므로 예수님이 아람어로 '엘로이'라고 하셨다면 곁에 있던 사람들은 그것을 확실하게 '나의 하나님'이라고 알아들었을 것이다. 그러나 그들이 그것을 '엘리야'로 알아들었다는 것은 예수님이 이 말씀을 '히브리어'로 말씀하셨다는 것을 증거한다.

이것은 또한 마가복음 우선설을 무너뜨리는 증거가 될 수 있다. 예수님은 이 말씀을 히브리어로 말씀하셨고 마태복음은 그 말씀을 히브리어로 그대로 기록한 1차 자료이다. 그리고 마가복음의 병행 본문은 1차 자료인 마태의 기록을 참고하여 그것을 아람어로 수정한 2차적인 자료인 것이다.

사실 마가는 마태나 누가와 다르게 의도적으로 아람어를 삽입했다. 그래서 예수님이 말씀하신 아람어를 보면 거의 다 마가복음에 나오는 것이다. 그것은 마가가 헬라어를 사용하는 이방인을 대상으로 복음서를 기록했기 때문이다. 그 시대의 헬라인들은 기적적인 치유를 행할 때 그 기적을 행하는 사람이 마술적인 단어를 말한다는

인식을 갖고 있었고 그들은 아람어를 신비한 언어로 여기고 있었다. 그래서 마가는 예수님의 치유 장면에 의도적으로 아람어를 삽입한 것이다.

예를 들면, 귀 먹고 말 못하는 사람을 고치실 때 마가는 예수님이 '에바다'(막 7:34)라고 말씀하신 것으로 기록했지만 마태의 병행구절(마 15:30)에서는 이런 말씀을 하지 않으셨다. 또 회당장 야이로의 딸을 고치실 때도 마가복음에서는 '달리다굼'(막 5:41)이라고 말씀하셨지만 마태복음(마 9:25)에는 이런 말씀이 없다(누가복음에서는 '아이야 일어나라'고 말씀하셨다).

이처럼 예수님이 아람어를 사용하셨다고 제시된 증거들은 대부분 마가복음에 국한된 것이며, 마가는 그 시대에 그가 복음을 전하는 대상인 헬라인들을 위하여 아람어를 삽입, 수정한 것이다. 또한 마가 이외의 복음서에서 아람어라고 알려진 '랍오니', '사박다니' 등은 사실은 미쉬나 히브리어이다. 그러므로 이런 근거들로 예수님을 포함한 1세기 이스라엘 사람들이 아람어를 사용했다고 주장하는 것은 타당하지 않다.

사해 문서의 발견

19세기에서 20세기 초반까지 아람어 기원설이 신약성서 연구에 큰 영향을 끼쳤지만 이것을 뒤집는 획기적인 사건이 일어났다. 그것은 현대 이스라엘의 탄생(1948년) 직전에 이스라엘 땅에서 사해 문서Dead Sea Scrolls가 발견된 것이다.

사해 문서가 발견된 쿰란

1947년 이스라엘의 사해 북서쪽 해변에 있는 동굴에서 발견된 사해 문서는 모든 시대를 통틀어 성경과 관련하여 가장 중요한 고고학적 발견으로 성경 연구에 있어서 새로운 지평을 열어주었다. 사해 인근 쿰란Qumran 지역의 총 11개의 동굴에서 두루마리 또는 조각으로 된 문서들이 발견되었는데 여기서 발견된 문서들은 기원전 3세기에서 기원후 1세기 사이에 기록된 것이다.

두루마리들이 발견된 쿰란의 동굴들

사해 사본

    이 문서들은 크게 성서 문서와 비성서 문서로 구분되는데 구약 성경 중에서 에스더서를 제외한 모든 성서 사본이 발견되었다. 성서 이외의 문서들은 그동안 잘 알려지지 않았던 기원후 1세기의 예수님 시대에 대하여 알 수 있는 귀중한 자료들이다.

현재까지 쿰란 동굴에서 발견된 문서는 총 915개이다 (2018년 1월 기준). 이 중에서 대부분은 히브리어로 기록된 문서들이고 아람어로 기록된 것은 15%에 불과하며 비성서 문서의 경우에도 아람어는 18% 밖에 되지 않는다. 이것은 기원전 3세기부터 예수님이 활동하시던 기원후 1세기까지 이스라엘에서 주로 사용된 언어가 무엇인지 분명하게 보여주고 있다.

사해 문서가 발견된 이후 이스라엘의 많은 학자들은 예수님의 시대에 이스라엘 땅에서 유대인들이 말하고 기록하는데 사용한 언어가 히브리어였고 공관복음이 히브리어로 기록된 자료에서 나온 것이라고 확신했다.

이들은 헬라어와 히브리어에 능통한 학자들로 신약 성경을 해석하는데 있어서 중요한 문제점들에 대한 해결책을 제시했다. 사해 문서의 발견으로 예수님과 그의 제자들이 말하는 방식이 상당히 히브리적인 표현이라는 것이 밝혀졌고 이것을 통해서 복음서를 더 정확하게 번역하는 것이 가능해졌다. 예수님이 말씀하신 언어에 대한 새로운 발견으로 신약 성경의 많은 오역들을 바로 잡을 수 있게 된 것이다.

예호슈아 M. 그린츠Jehoshua M. Grintz는 '제2차 성

전시대 말기에 말과 글로 사용된 언어인 히브리어He-brew as the Spoken and Written Language in the Last Days of the Second Temple'라는 글을 썼다. 그는 복음서와 같은 시기에 기록된 다른 문헌들에 대한 연구를 통해 다음과 같은 결론을 내렸다.

> 히브리어는 그 시대에 기록하는데 사용된 유일한 언어이며
> 우리는 이런 이유로 '학문 없는 보통 사람들'(행 4:13)로
> 이루어진 새로운 종파가 유대인들을 위하여
> 그들의 중요한 책을 히브리어로 기록했다고 생각한다.
> 그뿐만 아니라 히브리어는 팔레스타인, 또는 적어도
> 예루살렘과 유대 지역에서 말하는데 사용된 주요 언어였다.

그는 이런 주장에 대한 근거로 탈무드 네다림Talmud Nedarim 66b에 나오는 바벨론에서 온 아람어를 말하는 유대인 남자가 예루살렘 출신의 아내와 대화하는데 어려움을 겪는 이야기를 예로 들었다. 예루살렘 지역 평민들은 아람어가 아닌 히브리어만을 일상 언어로 사용했기 때문에 아람어만을 사용하는 유대인과 말이 통하지 않았던 것이다.

예루살렘 히브리 대학Hebrew University of Jerusalem
의 데이빗 플루서David Flusser 교수와, 신약과 초기 기
독교에 대한 세계의 권위 있는 유대인 학자들은 예수님
의 생애에 대한 기록이 원래 히브리어로 기록되었다는
것을 확고하게 주장한다. 그는 공관복음서에 오직 히브
리어에만 있는 수백 개의 셈어 관용구가 있다고 말했다.

모셰 바르 아셰르Moshe Bar-Asher 박사는 히브리 대
학에서 예헤즈키엘 쿠쳐Yehezkiel Kutscher 교수의 뒤를
잇는 최고의 아람어 학자로 인정 받은 사람이다. 그는 공
관복음서가 처음에 아람어가 아니라 히브리어로 기록되
었고 이후에 헬라어로 번역된 것이라고 믿는다.

이스라엘 이외에도 세계의 뛰어난 학자들 역시 예
수님이 사용하신 언어가 히브리어라는 결론에 도달했
다. 그러한 학자 중 하나는 노르웨이의 해리스 버클랜드
Harris Birkeland이다. 그는 '예수의 언어The Language
of Jesus'라는 글에서 "예수님 시대에 팔레스타인 지역의
서민들의 언어는 히브리어"라고 했으며 그의 결론은 "예
수님은 실제로 히브리어를 사용하셨다"는 것이다.

미국 캘리포니아의 패서디나에 있는 풀러 신학교
의 명예 교수인 윌리엄 샌포드 라소르William Sanford

LaSor는 저명한 셈어 학자다(히브리어와 아람어는 같은 셈어 계열이다). 그는 1982년 4월 24일 예루살렘의 강의에서 이렇게 말했다.

> 사해 문서가 발견되면서 예수님이 말씀하신 언어는 아람어가 아니라 히브리어일 가능성이 상당히 높다. 쿰란에 있던 종파는 성경의 주석 뿐만 아니라 새로 들어온 자에 대한 지침서인 규율 지침서The Manual of Discipline와 다메섹 언약Damascus Covenant과 같은 공동체의 삶에 대한 책들도 히브리어로 기록했다.

유대인들은 하나님으로부터 받은 말씀을 히브리어로 기록한 구약 성경을 거룩한 것으로 여기고 그것을 다른 언어로 기록하지 않으려고 했다. 그래서 사해 문서에서 성서와 그에 대한 주석이 히브리어로 기록된 것은 그들의 종교적인 신념 때문일 수 있고 이것은 그들의 일상 언어에 대한 증거로써는 취약하다. 그러나 그들이 성서 이외에 일상 생활과 관련된 문서를 히브리어로 기록했다는 것은 그들의 일상에서 말하고 기록하는데 사용하는 언어가 히브리어였다는 것을 보여준다.

미국 하버드 대학의 프랭크 크로스Frank Cross 교수는 사해문서의 필사에 있어서 당대에 가장 앞선 권위자일 것이다. 크로스 교수는 "쿰란에서 수 세기에 걸쳐 두루마리들을 필사한 다양한 서기관들의 필사본을 관찰한 결과 기원전 130년 경부터 시작해서 이스라엘에서 가장 많이 사용된 언어는 히브리어라고 볼 수 있다"고 했다.

크로스 교수는 기원전 130년 이후에 쿰란의 서기관들이 히브리어 본문을 필사하면서 더 이상 실수를 하지 않았기 때문에 그들의 주된 언어가 히브리어였고 그들이 아람어에 대한 지식이 부족했다고 결론지었다.

또 다른 훌륭한 학자로 아베 J.T. 밀릭Abbe J.T. Milik이 있다. 폴란드의 성직자인 밀릭은 과학과 고고학 분야에서 유명한 사람이었다. 그는 쿰란의 발굴자들 중 하나였고 제4동굴에서 나온 두루마리들을 출판하는 일을 하는 국제적인 팀에서 가장 활동적인 사람이었다. 유대 광야에서 발견한 문헌 자료들을 면밀히 검토한 후 밀릭은 "제2차 반란 때의 구리 두루마리The Copper Scrolls와 문서들은 로마 시대에 유대 지역의 일상 언어가 미쉬나 히브리어였다는 것을 증명한다"고 결론 내렸다.

히브리어에 대한 증거

외적 증거
- 교부들의 증언
- 동전과 비문
- 요세푸스의 기록
- 랍비들의 문헌

내적 증거
- 히브리어에 대한 언급
- 히브리적 표현

히브리어에 대한 외적 증거

사해 문서 이외에도 1세기 이스라엘에서 사용된 언어가 히브리어였다는 것을 가리키는 많은 증거들이 있다. 그 증거들로는 교부들의 증언, 동전과 비문들, 랍비 문헌 등이 있다.

교부들의 증언

교부들은 초기 기독교의 지도자들로 그들의 기록은 초기 기독교에 대하여 알 수 있는 중요한 자료이다. 2세기 중반 소아시아에 있는 히에라폴리스의 감독이었던 파피아스는 복음서의 히브리어 기원에 대하여 다음과 같이 말했다.

> 마태는 주님의 말씀을 **히브리어로** 기록했고
> 다른 이들은 그들이 할 수 있는 대로 그것을 번역했다.
> - 파피아스, 유세비우스 교회사 III.39.16

2세기 후반 프랑스 리용의 감독인 이레니우스는 이렇게 말했다.

> 마태는 히브리인들 가운데서
> **그들의 언어로** 그의 복음서를 기록했다.
> - 이레니우스, 유세비우스 교회사 V.8.2

3세기 초 오리겐은 그의 마태복음 주석에 이렇게 기록했다.

> **히브리어로** 작성한 최초의 복음서는 마태가 쓴 것으로 …
> 유대교에서 믿게 된 자들을 위하여 기록되었다.
> - 오리겐, 유세비우스 교회사 VI.25.4

기원후 325년 경 가이사랴의 감독인 유세비우스는 이렇게 썼다.

> 마태는 처음에 히브리인들에게 복음을 전했고
> 그가 다른 사람들에게 가려고 할 때
> 그의 복음을 **그의 모국어로** 기록하여 전달했다.
> - 유세비우스, 유세비우스 교회사 III.24.6

이들만이 아니라 이후에도 복음서가 히브리어로 기록되었다고 말하는 후대의 교부들의 증언이 많이 있다. 그 중에는 예수님을 믿는 유대인들인 나사렛파에 대하여 증언하는 사람들도 있었다. 에피파니우스는 그들에 대하여 이렇게 기록했다.

> **그들은 히브리어로** 기록된 마태복음 전체를 갖고 있다.
> 그들은 그것을 처음에 히브리어로 기록된 상태
> 그대로 신중히 보관하고 있었다.
> - 에피파니우스, 모든 이단에 대한 논박 29.9.4

그는 예수님을 믿는 또 다른 메시아닉 유대인 그룹인

에비온파Ebionites에 관해서도 기록했다.

> 그들도 역시 마태복음을 갖고 있었다. …
> 그들은 그것을 '히브리인들의 복음Gospel according
> to the Hebrews'이라고 불렀다. 그렇게 부르는 것이
> 맞는 이유는 신약의 저자들 가운데 마태만이
> **히브리어로** 복음을 제시했기 때문이다.
> - 에피파니우스, 모든 이단에 대한 논박 30.3.7

제롬은 교부들 가운데 히브리어에 대하여 가장 박식한 사람으로 알려졌다. 그가 라틴어로 번역한 성경인 '불가타Vulgate 역'은 오늘날에도 여전히 로마 카톨릭 교회에서 권위 있는 성경으로 인정받고 있다. 제롬은 마태의 복음서에 대하여 이렇게 기록했다.

> 레위라고 불리기도 한 마태는 (예수님을) 믿는
> 할례 받은 자들(유대인)을 위하여 유대에서 최초로
> 그리스도의 복음을 **히브리 문자와 단어로** 기록한 사람이다.
> 이후에 이것은 헬라어로 번역되었는데 누가 그것을
> 번역했는지는 확실하지 않다. 그 히브리어 본문은

오늘까지 여전히 가이사랴의 도서관에 보존되어 있다. 여기서 주목할 점은 이 복음서 저자가 자신이나 우리 구주께서 구약을 인용하실 때 70인역의 번역가들의 권위(70인역)를 따르지 않고 히브리어 성경을 따랐다는 것이다.

- 제롬, De Viris Illustribus 3

교부들은 모두 마태가 히브리어로 복음서를 기록했다고 증언했다. 초기 기독교 문헌 가운데 복음서의 아람어 기원에 대하여 언급한 것은 하나도 발견되지 않았다.

그런데 교부들의 증언에서 놀라운 것은 '마태가 최초로 복음서를 기록했다'는 점이다. 현재 학계에서는 마가복음이 최초로 기록되었고 마가복음과 가상의 Q라는 자료를 참고하여 마태복음과 누가복음이 기록되었다는 것이 가장 잘 알려진 견해다. 그러나 많은 교부들은 마태복음이 최초로 기록되었다고 증언하고 있다.

이것은 복음서와 신약의 언어적 배경을 이해하는데 있어서 중요한 열쇠이다. 마태복음이 가장 먼저 기록되었다는 '마태복음 우선설'에 대해서는 뒤에서 자세히 다루도록 하겠다.

동전과 비문

예수님의 시대에 사용된 동전은 그 시대에 사람들이 사용하던 언어에 대한 중요한 증거가 된다. 이스라엘 박물관에는 이스라엘 땅에서 발견된 동전들이 보관되어 있는데 그 동전들의 연대는 페르시아 제국 후기인 기원전 4세기부터 바르 코크바 혁명이 끝난 때인 기원후 135년에 이른다. 이 중에서 오직 하나의 동전만이 아람어로 기록되었고 나머지는 모두 히브리어로 기록된 것이다.

고대 히브리어가 기록된 1세기 이스라엘의 동전(기원후 66-70년)

'이스라엘 세켈'   '거룩한 예루살렘'

또 다른 증거는 죽은 자들의 뼈를 담는 유골함이다. 예수님의 시대에는 죽은 자를 장사하고 정확히 일 년 후에 그들의 뼈를 돌로 된 작은 용기에 넣었다. 일반적으로 이 유골함의 외부에는 죽은 자의 이름을 새겼다. 이 비문은 숙련된 장인이 아니라 죽은 사람의 가족이나 친구가 새겼다. 그러므로 이 비문은 이 시대에 일반적인 사람들이 말하고 쓰는 언어가 무엇인지를 보여주는 중요한 증거가 된다.

히브리어가 기록된 1세기 이스라엘의 유골함

'예슈아(ישרע)'

폴라드의 성직자이자 학자인 아베 J.T. 밀릭은 이렇게 말했다.

> 유골함에 헬라어나 아람어가 아니라
> 히브리어가 새겨진 것은 그 시대에 중산층이
> 사용하는 언어가 히브리어였으며
> 이 언어가 종교적으로만이 아니라 일상 언어로도
> 사용되었다는 것을 확실하게 나타낸다.
> - 밀릭 1963:131

요세푸스의 기록

요세푸스Flavius Josephus는 1세기의 유대 역사가이다. 그는 66년 유대 반란이 일어났을 때에 갈릴리에서 유대인 군대의 지휘관이었다. 그러나 유대 군대가 패배하자 그는 로마군에 투항하여 그들의 공식적인 역사가가 되었다. 그의 기록은 기원전후 1세기 유대인의 역사에 대한 중요한 정보를 제공하고 있다.

요세푸스는 1세기의 역사를 다루면서 히브리어에 대하여 자주 언급했다. 그린츠는 요세푸스가 언급한 '히브리어'에 대하여 이렇게 설명했다.

> 요세푸스의 기록을 조사해 보면
> 그가 히브리 언어와 히브리 방언을 언급할 때는
> 항상 의심할 여지 없이 다른 언어가 아닌
> **히브리어**를 의미한 것이다.
> - 그린츠 1960:42

그린츠는 그의 주장을 뒷받침하는 훌륭한 예들을 제시했다. 예를 들면 요세푸스의 유대고대사의 내용 중에

> 그것을 샤밧(사바타)이라 불렀는데
> 그것은 히브리 언어로 '쉬다'라는 뜻이다.
> - 요세푸스, 유대고대사 I.33

이 내용에 대하여 그린츠는 이렇게 설명했다.

> 요세푸스는 성경과 마찬가지로 שבת(샤밧, 안식일)이라는

단어를 שבת(샤밧, 쉬다)에서 가져왔다.

아람어에서 שבת라는 동사는 존재하지 않는다.

아람어 번역가들은 대신에 쉰다는 의미로 נח를 사용한다.

- 그린츠 1960:42-43

또 다른 예는 '아담'이라는 단어이다.

그 사람은 아담이라고 불렸는데

이것은 히브리어로 '붉다'는 의미이다.

- 요세푸스, 유대고대사 I.34

그린츠는 이것에 대하여 이렇게 설명했다.

요세푸스는 אדם(아담, 사람)을

אדם(아돔, 붉다)에서 가져왔다.

아람어로 '붉다'는 סומקא(숨카)이다.

아람어에는 אדם이라는 어근을 가진 단어는 없다.

– 그린츠 1960:43

그린츠의 설명을 보면 요세푸스가 '히브리 언어' 또는

'히브리 방언'이라고 언급한 것은 '히브리어'라는 것이 확실하며 이것은 1세기 이스라엘 사람들이 히브리어를 사용했다는 것을 뒷받침하는 또 하나의 증거가 된다.

랍비들의 문헌

예수님 이후의 시대에 기록된 문서들 중 가장 많은 것이 랍비들의 문헌이다. 이 문헌들은 일부를 제외하고 모두 히브리어로 기록되었다.

이 문헌들 중 가장 잘 알려진 것이 미쉬나다. 미쉬나는 구전 율법으로 부르기도 하는데 예수님의 시대에는 이것이 구전으로 전해지다가 기원후 200년 경에 글로 기록되었다. 여기에는 랍비들의 관습, 전통, 격언, 설교 등이 들어 있다.

놀라운 점은 랍비들의 문헌에 예수님의 말씀과 비슷한 내용이 많다는 것이다. 예를 들면 다음과 같은 내용들이다.

그분의 뜻을 너의 뜻인 것처럼 행하여

그분이 너의 뜻을 그분의 뜻인 것처럼 행하게 하라

미쉬나 아봇 2:4

나의 원대로 마시옵고 **아버지의 원**대로 하옵소서 하시고

마태복음 26:39

네 동료의 명예를 너의 명예처럼 소중히 여기라

미쉬나 아봇 2:10

그러므로 무엇이든지 **남에게 대접을 받고자 하는 대로**
너희도 **남을 대접하라** 이것이 율법이요 선지자니라

마태복음 7:12

    예수님의 가르침은 많은 비유들로 이루어졌다. 비유를 사용한 가르침은 히브리적인 방식이다. 랍비 문헌에도 약 5천 개의 비유가 들어있는데 그 중 두 개만이 아람어로 된 것이고 나머지는 모두 히브리어로 기록되었다.

    이 비유들 중에는 '왕의 비유'라 불리는 것들이 있는데 예수님도 왕과 관련된 비유를 자주 사용하셨다. 왕의

비유들 중에는 마태복음 25장에 나오는 '열 처녀의 비유'나 마태복음 22장(누가복음 14장)에 나오는 '혼인 잔치를 베푼 임금의 비유'와 유사한 비유들도 있다.

랍비들이 이런 비유를 말하던 시대에 계셨던 예수님은 그들의 비유에 대하여 잘 알고 계셨고 그들의 언어와 그들의 비유의 형식으로 사람들에게 하나님의 나라에 대하여 가르치신 것이다.

미쉬나가 나온 후에 후대의 랍비들은 미쉬나에 나오는 구전 율법이 무슨 뜻인지에 대하여 논했는데 이런 해석을 '게마라'라고 한다. 이 미쉬나와 게마라가 함께 기록된 것이 '탈무드'이다. 탈무드는 예루살렘의 랍비들이 기록한 예루살렘 탈무드와 바벨론의 침략으로 바벨론으로 끌려가 그곳에서 정착한 유대인 랍비들이 기록한 바벨론 탈무드가 있다.

놀랍게도 이 두 가지 탈무드에서 히브리어로 기록한 복음서에 대한 증거를 발견할 수 있다(바벨론 탈무드 샤밧 116a, 예루살렘 탈무드 샤밧 15c).

바벨론 탈무드의 이 부분에서 랍비 메이르와 랍비 요하난이 이 책의 이름을 언급했는데 그것은 히브리어로 'און גליון(아웬 길리온 또는 아온 길리온)'이라고 나온다. 이것은 히브리어로 '두루마리의 악'과 같은 의미가 되지만 이것은 사실 히브리어라기보다 헬라어로 '복음'을 의미하는 'εὐαγγέλιον(유앙겔리온)'을 히브리어로 음역한 것이다.

또한 여기에는 랍비들이 이 복음서를 어떻게 폐기할 것인가에 대하여 논쟁하는 내용이 수록되어 있다. 그 내용은 다음과 같다.

> 비어 있는 곳들과 **이단의 다른 책들**은 불 속에서
> 살아남지 못할 것이다. 그러나 비록 그것이
> **거룩한 이름**을 그 안에 포함하고 있더라도
> 그것이 있던 곳에서 불태워지도록 허락되어야 한다. …
> 랍비 요세가 말했다. "주중에 한 사람이 그 안에
> 들어 있는 거룩한 이름을 오려내고
> 그 이름들을 가린 후에 나머지는 불태워라."
> - 바빌론 탈무드 샤밧 116a

그들이 복음서를 '이단'의 책이라고 했는데 이것은 사도행전에서 유대인들이 예수님을 믿는 유대인들을 '나사렛 이단'(행 24:5)이라고 부른 것과 같다.

랍비들이 복음서를 불태우는 것에 대하여 고민한 이유는 그 책에 하나님의 거룩한 이름, '여호와(יהוה)'가 기록되어 있기 때문이다. 그들은 이단의 책이라도 하나님의 거룩한 이름이 기록된 것은 마음대로 불태울 수 없었던 것이다.

헬라어 신약 사본은 '여호와'라는 이름을 직접 기록하지 않고 대신에 '하나님(θεός)' 또는 '주(κύριος)'로 기록했다. 유대인들은 전통적으로 성경을 다른 언어로 번역할 때 '여호와'라는 이름을 기록하지 않고 다른 표현을 사용하기 때문이다. 한글 신약 성경에 '여호와'라는 이름이 한 번도 나오지 않는 것은 '여호와'의 이름이 기록되지 않은 헬라어 사본을 번역한 것이기 때문이다.

그러나 탈무드에서 랍비들은 하나님의 거룩한 이름, '여호와'가 기록된 복음서에 대하여 논쟁하고 있다. 복음서가 히브리어 이외의 언어로 기록되었다면 거기에 하나님의 이름이 '여호와'로 기록되지 않았을 것이다. 탈무드에 나오는 복음서에 대한 랍비들의 논쟁은 그들이 말하는 복음서가 다른 언어가 아닌 히브리어로 기록되었다는 것을 말해 주고 있다.

히브리어에 대한 내적 증거

예수님 시대의 사람들이 말하는 언어로 히브리어를 사용했다는 것을 보여주는 증거는 복음서 안에서도 발견할 수 있다.

히브리어에 대한 언급

먼저 가장 확실한 증거는 예수님과 바울이 히브리어로 말했다는 구절이다. 바울이 아그립바 왕 앞에서 예수님이 자기에게 나타나신 일을 증언하는데 그는 분명히 예수님께서 '히브리 말'로 말씀하셨다고 증언했다.

우리가 다 땅에 엎드러지매 내가 소리를 들으니
히브리 말로 이르되 사울아 사울아 네가 어찌하여
나를 박해하느냐 가시채를 뒷발질하기가 네게 고생이니라
사도행전 26:14

다음은 바울이 예루살렘에서 유대인들에게 히브리어로 말했다고 기록된 구절이다. 그가 성전에 들어갔을 때에 유대인들이 그가 이스라엘과 율법과 성전을 비방하고 성전을 더럽혔다고 하며 그를 죽이려는 소동 가운데 그는 자기 민족 사람들에게 '히브리 말'로 말했다고 기록되었다.

천부장이 허락하거늘 바울이 층대 위에 서서
백성에게 손짓하여 매우 조용히 한 후에
히브리 말로 말하니라
사도행전 21:40

그들이 그가 **히브리 말**로 말함을 듣고
더욱 조용한지라 이어 이르되
사도행전 22:2

그런데 특이한 점은 이 소동을 시작한 사람들은 이스라엘에 사는 유대인들이 아니라 '아시아로부터 온 유대인들'이었다.

> 그 이레가 거의 차매 **아시아로부터 온 유대인들**이
> 성전에서 바울을 보고 모든 무리를 충동하여 그를 붙들고
> 사도행전 21:27

바울은 그들에게 히브리어로 말한 것이다. 이런 사실을 보면 이스라엘 안에서만이 아니라 이스라엘 밖에 사는 유대인들도 계속해서 히브리어를 사용했다는 것을 알 수 있다.

또 다른 증거는 예수님이 십자가에 못 박히실 때에 빌라도가 십자가 위에 써서 붙인 패에서 발견할 수 있다.

> 빌라도가 패를 써서 십자가 위에 붙이니
> 나사렛 예수 유대인의 왕이라 기록되었더라
> 많은 유대인이 이 패를 읽는데
> **히브리**와 로마와 헬라 **말로** 기록되었더라
> 요한복음 19:19-20

그 패에는 '나사렛 예수 유대인의 왕'이라 기록되었는데 이것이 세 언어, 히브리어, 로마어(라틴어), 헬라어로 기록되었다. 라틴어는 로마의 군인들이 사용하는 언어였고, 헬라어는 로마 제국의 공용어였다. 나머지 한 언어는 유대인들을 위하여 기록한 것인데 그들이 볼 수 있도록 기록한 언어는 '히브리어'였다.

만약 예수님의 시대에 유대인들이 일상 언어로 아람어를 사용했다면 이 패는 히브리어가 아니라 아람어로 기록되었을 것이다. 그러나 성경에는 분명히 이 패가 히브리어로 기록되었다고 나온다. 이것은 예수님 시대의 유대인들이 사용하는 언어가 아람어가 아니라 히브리어였다는 것을 나타내는 또 하나의 강력한 증거가 된다.

히브리적 표현

복음서를 살펴보면 예수님 시대의 사람들이 히브리어를 사용했다는 사실만이 아니라 복음서가 처음에 히브리어로 기록되었다는 것을 보여주는 확실한 증거들을 발견할 수 있다.

복음서의 헬라어 사본에는 히브리어 고유의 관용적 표현이 거의 직역되어 기록된 부분이 많이 있다. 그런데 이런 히브리어의 관용적 의미를 모르면 예수님의 가르침의 정확한 뜻을 이해하기 힘들다.

우리가 복음서에 사용된 히브리적 표현을 모르는 상태에서 복음서를 읽게 되면 그 말씀들을 크게 두 가지 방향으로 잘못 이해하게 된다. 하나는 우리가 읽는 말씀이 무슨 말인지 전혀 이해가 되지 않아서 그 뜻을 알기를 포기하고 누가 언젠가 설교나 메시지를 통해 알려주겠지 하고 넘어가는 것이다. 또 하나는 그 말씀이 한글로 쉽게 이해할 수 있는 말로 되어 있어서 예수님이 원래 말씀하신 히브리적 의미와 전혀 다른, 우리가 아는 한국어의 의미로 이해하는 것이다.

히브리어의 많은 단어들은 그것에 대응하는 헬라어나 한글이나 영어의 단어보다 더 넓은 의미를 가지고 있으며 번역된 언어에는 존재하지 않는 함축적인 의미들을 포함하고 있다. 그래서 우리가 원래 히브리어로 기록된 말씀을 번역된 언어로 읽으면 원래 의도한 말씀의 온전한 뜻을 알 수 없다.

예를 들면 히브리어로 '집'을 의미하는 '바이트(בית)'는 '집'이라는 의미 외에도 '가정, 가족, 지파, 왕조, 성전'이라는 뜻이 있다. 마찬가지로 '아들'을 의미하는 히브리어 '벤(בן)'은 '아들'만이 아니라 '후손, 시민, 구성원, 제자' 등 다양한 뜻을 가지고 있다.

신약 성경에는 이런 히브리어 단어나 표현들이 문자 그대로 번역된 것이 많다. 이것은 헬라어나 영어, 한글로는 말이 되지 않고 오직 히브리어의 의미를 알아야 제대로 이해할 수 있다.

예수님도 히브리어의 관용적 표현들을 많이 사용하셨다. 이 표현들을 알면 예수님이 하신 말씀을 이해하는데 큰 도움이 되므로 몇 가지 예를 들어 자세히 알아보도록 하겠다.

1. 알다 = 동침하다

히브리어 단어가 직역된 것의 예를 들면, 가브리엘이 마리아에게 '네가 잉태하여 아들을 낳을 것이라'고 하자 마리아가 '나는 남자를 알지 못한다'고 대답한다.

> 마리아가 천사에게 말하되
> 나는 남자를 **알지** 못하니
> 누가복음 1:34

여기서 '알다'는 히브리어 '야다(ידע)'를 번역한 것이다. '야다'는 '안다'는 뜻과 '동침한다'는 뜻을 모두 가지고 있다. 마리아는 '나는 남자와 동침한 적이 없다'는 뜻으로 말한 것이다. 이와 같은 의미의 '야다'는 창세기에서 '아담이 그의 아내 하와와 동침하매'(창 4:1)에도 사용되었다. 한글 성경은 이 구절의 '야다'를 관용적 의미인 '동침하다'로 제대로 번역했다.

헬라어 성경은 누가복음 1장 34절의 '알다(ידע, 야다)'를 '안다'는 의미의 '기노스코(γινώσκω)'로 번역했다. 영어 성경은 이것을 'knew'로 번역했다. 이 단어들은 모두 '알다'라는 뜻은 있지만 '동침하다'는 뜻은 가지고 있지 않다. 이 구절은 원래 기록된 히브리어를 통해서만 정확한 뜻을 알 수 있다.

2. 인사말로 사용되는 '샬롬'

또 다른 예는 아마도 우리가 가장 잘 알고 있는 히브리어 단어인 '샬롬(שלום)'이다. '샬롬'은 직역하면 '화평', '평안'이라는 뜻이지만 구약 시대부터 지금까지 이스라엘에서 'Hello'나 '안녕하세요'처럼 인사말로도 사용되는 표현이다.

'샬롬'은 우리의 신약 성경에 '평안할지어다'로 번역되었고 영어 성경에는 'Peace be to you'나 'Greetings'로, 헬라어로는 '평안'을 의미하는 '에이레네(εἰρήνη)'나 인사말에 해당하는 '카이로(χαίρω)'로 번역되었다.

'평화'를 인사말로 사용하는 것은 다른 언어권에서는 사용하지 않는 표현으로 오직 히브리어에만 있는 관용적 표현이다.

은혜를 받은 자여 **평안할지어다**
누가복음 1:28

유대인의 왕이여 **평안할지어다** 하며
마태복음 27:29

3. 눈을 들어 보다, 이름을 부르다

우리가 구약 성경에서 많이 봐서 익숙하기 때문에 눈치채지 못하고 있지만 신약 성경에는 히브리어의 관용구가 많이 기록되어 있다. 예를 들면 다음과 같다.

아들을 낳으리니 **이름을** 예수**라 하라**
이는 그가 자기 백성을 그들의 죄에서 구원할 자이심이라
마태복음 1:21

그가 음부에서 고통중에 **눈을 들어** 멀리
아브라함과 그의 품에 있는 나사로를 **보고**
누가복음 16:23

누구든지 **주의 이름을 부르는** 자는

구원을 받으리라 하였느니라

사도행전 2:21

여기에 사용된 '눈을 들어 보다', '~의 이름을 ~라 하라', '주의 이름을 부르다'라는 표현들은 모두 히브리어에만 있는 관용구이다.

4. 기억하다 = 은혜를 베풀다, 돕다

예수님께서 십자가에 못 박히셨을 때 그분의 좌우에 두 죄인이 있었는데 그 중 한 사람이 이렇게 말했다.

예수여 당신의 나라에 임하실 때에

나를 **기억하소서** 하니

누가복음 23:42

"예수여 나를 기억하소서." 뭔가 낭만적이고 멋진 대사처럼 들리지만 이것은 '기억하다'의 히브리적 의미를 알아야 해석할 수 있다.

'기억하다'는 히브리어로 '자카르(זכר)'인데 이것은 성경에서 중요한 단어로 여러 가지 의미를 가지고 있다. 여기서 '자카르'는 '은혜를 베풀다', '돕다' 등의 관용적 의미로 사용되었다. 이런 의미로 구약에서 사용된 예는 하나님이 아이를 낳지 못하는 라헬을 '기억하신다'는 구절이다.

> 하나님이 라헬을 **생각하신지라**(자카르, זכר)
> 하나님이 그의 소원을 들으시고 그의 태를 여셨으므로
> 창세기 30:22

여기서 '생각하다'는 히브리어로 '자카르', '기억하다'이다. 하나님이 라헬을 '기억하셔서', 즉 라헬에게 '은혜를 베푸셔서' 아이를 낳게 하신 것이다. 이것이 사용된 또 다른 예는 요셉이 술 관원장에게 자기를 '기억해 달라'는 것이다.

> 당신이 잘 되시거든 나를 **생각하고**(자카르, זכר)
> 내게 은혜를 베풀어서 내 사정을 바로에게 아뢰어

이 집에서 나를 건져 주소서

창세기 40:14

요셉이 '나를 생각해 달라'고 한 것은 단순히 '나를 잊지 말아 달라'는 것이 아니라 뒤에 나오는 것처럼 '내게 은혜를 베풀어서 나를 이 감옥에서 나가게 해 달라'는 뜻이다.

'기억하다'라는 뜻을 갖는 '자카르'의 의미로 예수님과 함께 못 박힌 죄인들의 말을 다시 보면 그 다음에 예수님이 하신 대답이 이해가 된다.

> 예수여 당신의 나라에 임하실 때에 **나를 기억하소서** 하니
> 예수께서 이르시되 내가 진실로 네게 이르노니
> 오늘 **네가 나와 함께 낙원에 있으리라** 하시니라
>
> 누가복음 23:42-43

예수님과 함께 못 박힌 죄인은 예수님께 '내게 은혜를 베푸소서'라고 구한 것이고 예수님은 그가 구하는 것을 아시고 '네가 나와 함께 낙원에, 하나님의 나라에 있으리라'고 대답하신 것이다.

5. 잊다 = 돕지 않다, 버리다

'기억하다'가 '은혜를 베풀다'라는 의미를 갖기 때문에 '잊다'도 그 반대의 의미를 갖고 있다. '잊다'는 히브리어로 '샤카흐(שכה)'인데 '은혜를 베풀지 않다', '돕지 않다', '버리다'라는 의미를 갖는다.

시편 기자들이 '어찌하여 나를 잊으셨나이까'(시 13:1, 42:9)라고 탄식한 것은 '나를 버리지 마시고 은혜를 베푸소서'라고 부르짖는 것이다. 이 표현은 선지서에 명확하게 나타난다.

> 오직 시온이 이르기를 여호와께서 나를 **버리시며**
> 주께서 나를 **잊으셨다** 하였거니와
> 이사야 49:14

> 주께서 어찌하여 우리를 영원히 **잊으시오며**
> 우리를 이같이 오래 **버리시나이까**
> 예레미야애가 5:20

예수님은 '하나님은 참새 한 마리도 잊어버리지 않으

신다. 너희는 참새보다 더 귀하다'(눅 12:6-7)고 말씀하셨다. 이것은 하나님은 참새 한 마리도 '잊어버리지 않으신다', '버리지 않으신다'는 뜻이고 그분은 참새들보다 더 귀한 우리에게 은혜를 베푸실 것이라는 말씀이다.

6. 권능 = 하나님

십계명의 세 번째 계명은 다음과 같다.

너는 네 하나님 여호와의 이름을 망령되게 부르지 말라
여호와는 그의 이름을 망령되게 부르는 자를
죄 없다 하지 아니하리라
출애굽기 20:7

예수님 시대의 유대인들은 이 계명을 문자 그대로 지키기 위하여 '여호와'라는 이름을 부르지 않고 다른 호칭을 사용했다. 그들은 성경에서 '여호와'라는 이름이 나오면 그것을 '주'를 의미하는 '아도나이'라고 읽었고 성경 이외의 기도문 등에는 '그 이름'이라는 뜻의 '하 쉠'이라는 호칭을 사용하기도 했다.

이외에도 신약의 시대에는 하나님을 우회적으로 가리키는 칭호로 '권능', '하늘'이 사용되었다.

그러나 내가 너희에게 이르노니
이 후에 인자가 **권능의 우편**에 앉아 있는 것을
너희가 보리라 하시니
마태복음 26:64

예수님께서 인자가 '권능'의 우편에 앉아 있는 것을 보리라고 하신 것은 예수님께서 '하나님' 우편에 앉으실 것을 미리 말씀하신 것이다. 이것은 마가복음에 잘 기록되었다.

주 예수께서 말씀을 마치신 후에 하늘로 올려지사
하나님 우편에 앉으시니라
마가복음 16:19

7. 하늘 = 하나님

마태복음에서 예수님이 처음 선포하신 천국 복음은 이 말씀이었다.

> 이 때부터 예수께서 비로소 전파하여 이르시되
> 회개하라 **천국**이 가까이 왔느니라 하시더라
> 마태복음 4:17

전 세계의 이방인 기독교인들은 복음서에 사용된 '천국(天國)', 즉 '하늘 나라'라는 표현의 히브리적인 의미를 몰라서 오랫동안 하나님 나라에 대한 잘못된 환상을 갖고 있었다. 그것은 우리가 예수님을 믿으면 죽은 후에 '하늘' 어딘가에 있는 '천국'에 간다고 믿게 된 것이다. 이것은 유대인들이 말하는 '하늘'의 의미를 제대로 알지 못하고 문자적으로 받아들여 생긴 큰 오해 중 하나다.

예수님 시대에 유대인들은 '하나님'의 이름을 직접 말하지 않고 우회적으로 '하늘'이라는 비유적 표현을 사용했다. 그래서 '하나님의 나라'를 '하늘 나라(천국)'라고 말한 것이다. 마태는 유대인들이 사용하는 '천국'이라는 표현을 그대로 사용했고 마가와 누가는 같은 말씀을 보다 직접적인 표현인 '하나님의 나라'(막 1:15, 눅 10:9)라고 기록했다.

> 이르시되 때가 찼고 **하나님의 나라**가 가까이 왔으니
> 회개하고 복음을 믿으라 하시더라
> 마가복음 1:15

'하늘'이 '하나님'을 의미한다는 것을 알면 우리가 그동안 잘 알고 있었던 말씀들이 새롭게 다가올 것이다.

예수님께서 유대인들에게 요한의 세례가 '하늘'로부터 왔느냐 사람으로부터 왔느냐고 물으셨는데 이것은 그의 세례가 '하나님'으로부터 온 것인지를 물으신 것이었다.

> 요한의 세례가 어디로부터 왔느냐 하늘로부터냐
> 사람으로부터냐 그들이 서로 의논하여 이르되
> 만일 하늘로부터라 하면 어찌하여
> 그를 믿지 아니하였느냐 할 것이요
> 마태복음 21:25

그리고 뒷부분은 그의 세례가 '하늘', 즉 '하나님'으로부터 온 것이라면 당연히 그를 믿고 그들도 회개의 세례를 받았어야 했다는 뜻이다.

세례 요한은 예수님에 대하여 '위(하늘)로부터 오시는 이'라고 증언했다.

> **위로부터 오시는 이**는 만물 위에 계시고
> 땅에서 난 이는 땅에 속하여 땅에 속한 것을 말하느니라
> **하늘로부터 오시는 이**는 만물 위에 계시나니
> 요한복음 3:31

그것은 곧 '하나님으로부터 오시는 이'라는 뜻이다. 이것은 그 뒤에 이어지는 그의 증언에 나온다.

> **하나님이 보내신 이**는 하나님의 말씀을 하나니
> 이는 하나님이 성령을 한량 없이 주심이니라
> 요한복음 3:34

사도들도 서신서에서 '하나님'을 가리키는 표현으로 '하늘'을 사용했다. 베드로가 '하늘로부터 보내신 성령'

이라고 말한 것은 '하나님이 보내신 성령'을 의미한다.

   이것은 **하늘로부터 보내신 성령**을 힘입어
   복음을 전하는 자들로 이제 너희에게 알린 것이요
   천사들도 살펴 보기를 원하는 것이니라
   베드로전서 1:12

  요한은 '하늘로부터 보내신 성령'을 '아버지께서 보내실 성령'으로 기록했다.

   보혜사 곧 **아버지께서** 내 이름으로 **보내실 성령**
   그가 너희에게 모든 것을 가르치고
   내가 너희에게 말한 모든 것을 생각나게 하리라
   요한복음 14:26

8. '이스라엘'과 '유대인'

마태는 예수님이나 자신이 유대인 민족이나 이스라엘 땅의 이름을 언급할 때 일관되게 '이스라엘'이라고 기록했다(마 2:20, 2:21, 8:10, 10:6, 10:23, 15:24, 15:31, 19:28, 27:41-42 등).

> 요셉이 일어나 아기와 그의 어머니를 데리고
> **이스라엘 땅**으로 들어가니라
> 마태복음 2:21

> 내가 진실로 너희에게 이르노니
> **이스라엘** 중 아무에게서도 이만한 믿음을 보지 못하였노라
> 마태복음 8:10

마찬가지로 대제사장들과 서기관들과 장로들이 예수님에 대하여 말할 때 '이스라엘의 왕'이라고 기록했다.

> 그가 남은 구원하였으되 자기는 구원할 수 없도다
> 그가 **이스라엘의 왕**이로다 지금 십자가에서

내려올지어다 그리하면 우리가 믿겠노라

마태복음 27:42

그러나 이방인의 입으로 유대 민족이나 그들의 땅을 말할 때는 '이스라엘' 대신 '유대인'이라는 표현이 사용되었다. 로마의 빌라도 총독과 군인들은 '유대인의 왕'이라고 말했다.

예수께서 총독 앞에 섰으매 총독이 물어 이르되

네가 **유대인의 왕**이냐 예수께서 대답하시되

네 말이 옳도다 하시고

마태복음 27:11

가시관을 엮어 그 머리에 씌우고 갈대를

그 오른손에 들리고 그 앞에서 무릎을 꿇고

희롱하여 이르되 **유대인의 왕**이여 평안할지어다 하며

마태복음 27:29

이런 '이스라엘'이라는 표현은 히브리어 외에 다른 언어에서는 사용되지 않는다. 유대 민족과 이스라엘 땅에

대하여 말할 때 아람어는 '유대인'라는 표현을 쓰고 헬라어는 '유대인' 또는 '히브리'이라는 표현을 사용한다.

히브리어 이외의 다른 언어를 말하는 저자가 이런 표현 대신에 '이스라엘'이라는 표현을 사용하는 경우는 히브리어의 관용적 표현을 그대로 옮기거나 어떤 신학적인 목적을 위해서, 또는 이스라엘 역사에 있어서 그들의 정체성을 강조하기 위한 경우이다.

예를 들면 사도행전의 저자인 누가는 '유대인'이라는 표현을 사용하지만

> 그 때에 경건한 **유대인들**이 천하 각국으로부터 와서
> 예루살렘에 머물러 있더니
> 사도행전 2:5

> **유대인들**이 이 일을 기뻐하는 것을 보고
> 베드로도 잡으려 할새 때는 무교절 기간이라
> 사도행전 12:3

베드로나 다른 제자들의 말을 인용할 때는 '이스라엘'로 기록했다.

그들(사도들)이 모였을 때에 예수께 여쭈어 이르되
주께서 **이스라엘 나라**를 회복하심이 이 때니이까 하니
사도행전 1:6

이스라엘 사람들아 이 말을 들으라
너희도 아는 바와 같이 하나님께서 나사렛 예수로
큰 권능과 기사와 표적을 너희 가운데서 베푸사
사도행전 2:22

사도들 뿐만 아니라 랍비 가말리엘이 자기 백성들을 언급할 때도 '이스라엘'이라는 표현을 사용했다.

바리새인 가말리엘은 …
말하되 **이스라엘 사람들**아 너희가 이 사람들에게
대하여 어떻게 하려는지 조심하라
사도행전 5:34-35

복음서와 사도행전에서 대제사장들과 서기관들과 장로들만이 아니라 사도들도 '이스라엘'이라는 표현을 사용하는 것을 보면 예수님 시대에 그들이 사용하던 언어

는 히브리어였다는 것을 알 수 있다.

이스라엘 민족이 자기 민족과 땅을 '이스라엘'이라고 말하는 것은 중세 시대까지 계속되었고 성경과 성경 이후의 문헌들에도 기록되어 있다.

그런데 이 표현은 성경과 그 이후에 기록된 랍비들의 문헌인 미쉬나에서 약간의 차이를 나타낸다. 성경에서 '이스라엘'은 이스라엘 민족 전체를 나타내고 이스라엘에 속한 사람들을 말할 때는 히브리어로 '브네 이스라엘', 한글로는 '이스라엘 백성' 또는 '이스라엘 사람들'이라고 말한다. 반면 미쉬나에서는 이스라엘 민족과 그 구성원 모두를 '이스라엘'이라고 말한다.

9. 가나안 사람 = 페니키아 사람

예수께서 거기서 나가사 두로와 시돈 지방으로 들어가시니
가나안 여자 하나가 그 지경에서 나와서 소리 질러 이르되
주 다윗의 자손이여 나를 불쌍히 여기소서
내 딸이 흉악하게 귀신 들렸나이다 하되
마태복음 15:21-22

'가나안 사람'은 히브리어로 '페니키아 사람'을 가리키는 말이지만 다른 언어에서는 이런 의미로 사용되지 않는다. 이것은 아람어나 헬라어에서는 아무런 뜻을 갖지 않는다.

마태복음에 '가나안'이 사용된 것은 마태복음이 처음에 히브리어로 기록되었고 나중에 헬라어로 번역될 때 히브리어가 그대로 직역된 것을 보여준다. 헬라어에서 이 '가나안 사람'이라는 외래 용어가 보통 어떻게 번역되는지는 마가복음의 병행구절을 보면 알 수 있다.

> 그 여자는 **헬라인**이요 **수로보니게 족속**이라
> 자기 딸에게서 귀신 쫓아내 주시기를 간구하거늘
> 마가복음 7:26

마가는 '가나안 사람'을 '헬라인, 수로보니게(페니키아) 족속'이라고 표현했다. 여기서 '헬라인'은 '이방인'이라는 뜻으로 사용되었다. 히브리어로 '가나안'은 이방인과 페니키아 사람 둘 다를 의미한다. 헬라어로 이것을 표현하려면 마가가 기록한 것처럼 더 자세하게 말해야 하기 때문에 마가는 이런 긴 설명을 사용한 것이다.

10. 언어 유희

구약을 읽어본 사람은 구약에 나오는 하나님은 엄숙하고 무서운 하나님이라고 생각한다. 그러나 히브리어로 구약 성경을 살펴보면 하나님은 의외로 언어 유희(wordplay, 말장난)를 좋아하시는 분이라는 것을 알 수 있다. 언어 유희를 가장 쉽게 찾아볼 수 있는 예는 이름이다.

창세기 17장에서 하나님은 '아브람'의 이름을 '아브라함'으로, '사래'의 이름을 '사라'로 바꾸셨다. 이 부분도 흥미롭지만 이 장에서 한글 성경에 나타나지 않고 히브리어 성경으로만 볼 수 있는 또 하나의 언어 유희는 그의 아들 '이삭'의 이름이다.

> 하나님이 이르시되 아니라
> 네 아내 사라가 네게 아들을 낳으리니
> 너는 그 이름을 **이삭**이라 하라 내가 그와 내 언약을
> 세우리니 그의 후손에게 영원한 언약이 되리라
> 창세기 17:19

'이삭'은 히브리어로 '이츠학(יצחק)'이다. 하나님이 아브라함의 아들의 이름을 '이삭'이라고 지으신 이유는 17절에 숨겨져 있다.

> 아브라함이 엎드려 **웃으며** 마음속으로 이르되
> 백 세 된 사람이 어찌 자식을 낳을까
> 사라는 구십 세니 어찌 출산하리요 하고
> 창세기 17:17

여기서 '웃으며'가 히브리어로 '이츠학(יצחק)'이다. '이츠학'은 '그가 웃다'라는 뜻이다. 하나님이 아브라함에게 사라가 아들을 낳을 것이라고 말씀하시자 아브라함은 속으로 웃었다(이츠학). 그러자 하나님은 그 아들의 이름을 '이츠학(이삭)'이라고 지으신 것이다. 아마도 아브라함은 이삭을 볼 때마다 하나님의 말씀을 믿지 않고 속으로 웃었던 부끄러운 기억을 떠올렸을지도 모른다.

선지서에도 언어 유희가 사용되었다.

그가 말씀하시되 아모스야 네가 무엇을 보느냐
내가 이르되 **여름 과일** 한 광주리니이다 하매
여호와께서 내게 이르시되 내 백성 이스라엘의
끝이 이르렀은즉 내가 다시는 그를 용서하지 아니하리니
아모스 8:2

하나님께서 아모스 선지자에게 여름 과일 한 광주리를 보여주셨다. '여름 과일'은 히브리어로 '카이츠(קיץ)'인데 이것은 '끝'을 의미하는 '케츠(קץ)'와 비슷하다. 하나님이 여름 과일(카이츠)을 보여주신 것은 이스라엘의 끝(케츠)이 이르렀음을 말씀하신 것이었다.

이 외에도 구약 성경의 많은 구절에 히브리어로 된 언어 유희가 사용되었다. 그런데 이런 언어 유희는 구약만이 아니라 신약 성경에도 사용되었다. 그리고 그것은 히브리어로 볼 때만 발견할 수 있다.

아들을 낳으리니 이름을 **예수**라 하라
이는 그가 자기 백성을 그들의 죄에서

구원할 자이심이라 하니라

마태복음 1:21

여기서 언어 유희가 사용된 부분은 '예수'와 '구원하다'이다. 이 단어를 헬라어로 보면 다음과 같다.

예수　Ἰησοῦς　이에수스
구원하다　σώσει　소세이

헬라어로 보면 이것은 언어 유희가 되지 않는다. 그러나 이것을 히브리어로 바꾸어 보면 언어 유희를 발견할 수 있다.

예수　ישע　예슈아
구원하다　יושיע　요쉬아

이 외에도 히브리어의 언어 유희가 사용된 구절들이 더 있다.

속으로 아브라함이 우리 조상이라고 생각하지 말라

내가 너희에게 이르노니 하나님이 능히

이 **돌들**로도 아브라함의 **자손**이 되게 하시리라

마태복음 3:9

자손 בני 브네
돌들 אבנים 아바님

다 **배불리** 먹고 남은 조각을

일곱 광주리에 차게 거두었으며

마태복음 15:37

배불리 ישבעו 이스베우
일곱 שבעה 쉬브아

마태복음 24장에서 제자들이 '세상 끝'(마 24:3)에 대하여 물을 때 예수님은 아모스서에 사용된 '여름(카이츠)'과 '끝(케츠)'의 언어 유희를 사용하여 말씀하셨다.

이 천국 복음이 모든 민족에게 증언되기 위하여
온 세상에 전파되리니 그제야 **끝**(케츠)이 오리라
마태복음 24:14

무화과나무의 비유를 배우라 그 가지가 연하여지고
잎사귀를 내면 **여름**(카이츠)이 가까운 줄을 아나니
마태복음 24:32

  이처럼 예수님의 말씀은 히브리어 고유의 관용적 표현과 언어 유희와 같은 요소들로 가득하다. 이것은 헬라어를 통해서도 부분적으로 알 수 있지만 히브리어로 볼 때 온전히 볼 수 있는 것들이다. 이런 요소들은 글의 완성도나 아름다움을 부여하는 문학적 장치의 역할을 하기도 한다.

  그러나 중요한 것은 예수님의 말씀을 이해하려면 이런 히브리어의 관용적 표현을 반드시 알아야 한다는 것이다. 안타깝게도 아직은 신약 성경에 사용된 히브리어의 관용적 표현에 대하여 참고할 수 있는 자료는 많지 않다. 하지만 방법이 없는 것은 아니다.

  히브리어의 관용적 표현을 알려면 먼저 구약 성경에

사용된 히브리어 단어의 의미와 관용어구의 뜻을 알아두는 것이 좋다. 구약의 히브리적 표현을 잘 알아두면 신약 성경에 사용된 관용적 표현을 이해하는데 큰 도움이 된다. 예수님과 사도들은 모두 구약에 기록된 하나님의 말씀을 인용하고 그것을 자세히 설명하고 가르치셨기 때문이다. 다행히 구약의 히브리어 단어와 관용적 표현에 대한 자료는 신약보다는 많은 편이다.

이런 접근 방법에 있어서 어려운 점은 구약은 히브리어로 기록되었지만 신약은 헬라어로 기록되어 직접적인 비교가 힘들다는 것이다. 한글이나 영어로 번역된 성경을 통해서도 찾아낼 수 있는 부분도 있다. 그러나 원어에서 같은 단어가 사용되고 있음에도 한글이나 영어에서 여러 가지로 다르게 번역된 경우나 오역도 있어서 신약의 히브리적 표현을 구약에서 찾는 것이 쉽지는 않다.

구약과 신약의 언어적 장벽을 극복할 수 있는 한 가지 방법은 70인역Septuagint, LXX을 활용하는 것이다. 70인역은 기원전 3-2세기경 이집트에 사는 유대인들이 히브리어로 기록된 구약 성경을 헬라어로 번역한 것이다.

신약 성경에 사용된 헬라어를 70인역에서 찾아보고 그 헬라어가 사용된 구절들을 히브리어 구약 성경과 비교해 보면 신약의 헬라어가 구약의 어떤 히브리어와 대응이 되는지 알 수 있다. 이것을 통해서 신약에 사용된 헬라어의 히브리적 의미를 알 수 있다.

그러나 이것은 히브리어에서 헬라어로 그리고 다시 헬라어에서 히브리어를 거치는 간접적인 방법이기 때문에 여러 번의 번역 과정에서 원래의 의미가 퇴색되었을 가능성이 있다. 이보다 더 정확한 방법은 예수님이 원래 히브리어로 말씀하신 내용을 아는 것이다.

히브리어 마태복음

뮌스터의 마태복음
뒤틸레의 마태복음
셈토브의 마태복음
히브리인들의 복음

히브리어 마태복음

초기 기독교 시대의 교부들은 마태가 히브리어로 복음서를 기록했다고 증언했다. 안타깝게도 그가 기록한 히브리어 마태복음의 원본은 아직 발견되지 않았고 앞으로도 발견될 가능성은 거의 없어 보인다.

그러나 마태가 히브리어로 기록한 복음서의 본문을 잘 보존하고 있는 사본들이 남아 있다. 이 사본들은 그동안 학계에서 제대로 인정 받지 못했지만 최근 사해문서가 발견된 후 1세기 이스라엘에서 사용하던 언어가 히브리어라는 것이 알려지면서 복음서의 히브리적 배경을 연구하는 학자들에 의하여 주목 받고 있다.

뮌스터의 마태복음

현재 남아 있는 히브리어 마태복음 사본들 가운데 먼저 뮌스터 사본이 있다. 세바스찬 뮌스터Sebastian Münster는 독일의 지도학자와 천지학자이자 기독교인 히브리어 학자로 히브리어와 아람어를 공부하는 학생들을 위하여 스위스어로 많은 책들을 출판했다.

그가 쓴 히브리어에 대한 책들에서 그는 유대인에게서 받은 히브리어 마태복음 사본의 구절들을 인용했다. 많은 사람들이 그에게 이 히브리어 복음서를 출판할 것을 요청하여 그는 다른 모든 연구를 중단하고 그의 히브리어 마태복음을 출판하는 일에 몰두했다.

그 결과 뮌스터의 히브리어 마태복음은 1537년에 '메시아의 토라'(תורת המשיח, The Torah of the Messiah)라는 제목으로 출판되었다. 그의 책은 영국의 킹 헨리 8세King Henry VIII에게 헌정되었다.

뮌스터의 히브리어 마태복음 본문은 또 다른 사본인 뒤틸레의 히브리어 마태복음 본문과 거의 일치한다. 그러나 지난 백여 년 간 뮌스터의 히브리어 마태복음에 대한 학술 문헌 중 대부분이 뮌스터의 본문이 제한적인 가치를 지닌다고 봤다. 그 이유는 뮌스터가 그의 본문에서 누락된 부분을 스스로 재구성하여 보충하고 그것들에 대하여 표기하지 않았기 때문이라고 했다. 예를 들면 조지 하워드는 이렇게 기록했다.

> 뮌스터는 헌정문에서
> 그가 유대인에게서 받은 히브리어 마태복음은
> 손상된 것이었는데 누락된 부분이 많이 있었고
> 필요에 의하여 사본에서 누락된 부분을 복원하였다고 했다.
> 오늘날 그의 작업은 제한된 가치를 지니고 있는데
> 이는 그가 복원한 구절들을 표기하지 않았기 때문이다.
> - 마태의 히브리어 복음, 조지 하워드, 1954, 161쪽

그러나 하워드는 뮌스터의 헌정문을 잘못 읽은 것으

로 보인다. 뮌스터는 헌정문에 라틴어로 이렇게 썼다.

> 히브리어로 기록된 마태복음은
> 원래 히브리인들에게 있던 것 그대로 있지 않았다.
> 내가 그것을 접했을 때는 그것이 나누어져 있었지만
> 나는 그것을 다시 하나로 만들어서 출판했다.

뮌스터가 말한 것은 그가 얻은 히브리어 마태복음이 몇 부분으로 나누어져 있었는데 그가 그것들을 하나로 만들어서 하나의 히브리어 본문으로 출판했다는 뜻으로 보인다. 그러나 불행히도 뮌스터의 말이 잘못 전달되어 휴 스콘필드는 그의 히브리어 사본이 누락되었고 그가 스스로 누락된 내용을 복원했다고 말한 것이다.

뮌스터의 히브리어 마태복음은 이전에 사람들이 평가한 것보다 훨씬 큰 가치를 가지고 있으며 무시되어서는 안 되는 것이다.

뒤틸레의 마태복음

다음으로 1555년에 출판된 뒤틸레DuTillet의 마태복음이 있다. 이것은 1553년 로마에 있는 유대인들로부터 압수한 히브리어 마태복음 사본에서 얻은 것이다. 1553년 8월 12일에 로마에서 탈무드를 금지하는 법령이 재가되었다. 이 법령은 9월 9일에 시행되었고 그들은 유대인들의 집과 회당을 강탈하면서 탈무드처럼 보이는 것, 즉 히브리어로 기록된 것은 무엇이든지 압수했다.

그 때에 프랑스 브리외Brieu의 주교인 장 뒤틸레Jean DuTillet가 마침 로마를 방문했다. 뒤틸레는 여러 히브리어 사본들 가운데 있는 마태복음의 히브리어 사본을 보고 놀랐다. 뒤틸레는 그 사본을 얻어 프랑스로 되돌아 가서 프랑스 국립도서관Bibliotheque Nationale, Paris에 맡

תולדות ישו בן דוד בן אברהם אברהם הוליד את
יצחק יצחק הוליד את יעקב ויעקב הוליד את יהודה
ואחיו : יהודה הוליד את פרץ וזרח מתמר פרץ
הוליד את חצרון חצרון הוליד את רם רם הוליד
את עמינדב עמינדב הוליד את נחשון נחשון
הוליד את שלמון שלמון הוליד את בעז מרחב
ובעז הוליד את עובד מרות ועובד הוליד את
ישי ישי הוליד את דוד המלך ודוד הוליד את
שלמה מאשת אוריה שלמה הוליד את רחבעם
הוליד את אביה ואביה הוליד את אסא ואסא
הוליד את יהושפט יהושפט הוליד את יורם
יורם הוליד את עוזיהו עוזיהו הוליד את יותם
יותם הוליד את אחז אחז הוליד את חזקיהו
חזקיהו הוליד את מנשה מנשה הוליד את אמון
אמון הוליד את יאשיהו יאשיהו הוליד את יכניה
ואחיו בגלות בבל יכניה הוליד את שאלתיאל
שאלתיאל הוליד את זרובבל וזרובבל הוליד את
אביהוד אביהוד הוליד את אליקים אליקים הוליד את

뒤틸레의 히브리어 마태복음 1장

졌다. 그것은 오늘까지 히브리어 사본 132번Hebrew ms. No. 132으로 보관되어 있다.

대부분의 학자들은 뒤틸레의 히브리어 마태복음을 무시했지만 휴 스콘필드와 조지 하워드라는 두 학자는 이 히브리어 본문이 오늘날 우리의 헬라어 마태복음 본문의 기초가 되는 것이라는 견해를 밝혔다. 스콘필드는 다음과 같이 말했다.

> 일부 언어학적 증거들은 … (뒤틸레의) 이 히브리어 본문이 헬라어 (마태복음) 본문의 기초가 되는 것이고, 헬라어 본문에서 어떤 번역들은 히브리어 원문을 잘못 읽은 것에서 나온 것일 수 있다.
> - 마태복음의 옛 히브리어 본문, 1927, 17쪽

뒤틸레 본문의 성격

뒤틸레의 히브리어 마태복음에 대한 최초의 본문 분석은 1879년 아돌프 허브스트Adolf Herbst에 의해 이루어졌다. 허브스트는 다음과 같은 결론을 내렸다.

일부 신학 서적에서 말한 것처럼 이 번역본의 원전은
불가타 성경이다. 나는 현재로서는 번역본에서
달라진 부분들을 자세히 검토하는 것이 불가능하다.
우선은 나에게 필요한 자료가 없을 뿐만 아니라
그것들을 살펴보고 활용할 시간과 기회가 없다.
게다가 이 주제에 대한 철저한 논문은
너무나 방대할 것이기 때문이다.

1927년에 휴 스콘필드Hugh Schonfield는 더 큰 규모의 본문 연구를 했다. 스콘필드의 결론은 상당히 달랐다.

허브스트 박사가 등한시한 변화들을 살펴본 결과, 비록 본문이 전체적으로 현재까지 알려진 어떤 마소라 사본보다 불가타 역과 매우 유사하다고 할 수 있지만, 불가타 역이 원전이라는 것을 의심할만한 현저한 차이들을 충분히 보여주고 있다.

그는 그의 책의 서문에 히브리어 본문이 불가타 역보다 '공인 헬라어 본문Received Greek Text'을 지지하는 곳들을 배치하고, 다음으로 그 반대의 경우를 배치하고, 마지막으로 히브리어 본문이 이 둘과 다른 것들을 배치함으로 그의 주장이 사실에 근거한 것이 아니라는 것을 명백하게 인정했다.

허브스트 박사가 그의 연구를 계속할 시간이 있었다면 그는 자기가 분류한 본문들이 다른 고대의 권위 있는 사본들, 예를 들면 구 라틴 역Old Latin과 구 시리아 역Old Syriac, 심지어 야고보서 외경Apocryphal Book of James의 증거를 받고 있고 이 히브리어 본문이 불가타 역을 번역한 것이라고 보기 힘들다는 것을 발견하고 놀랐을 것이다.

뒤틸레의 마태복음 사본은 단순히 중세 번역가가 불가타 역을 히브리어로 번역한 것이 아니다. 본문에는 이것으로 설명할 수 없는 초기의 전승적 요소들이 다수 존재한다. 어떤 언어학적 증거들은 헬라어 본문이 이 히브리어 본문에서 나왔다는 것을 보여주는 듯하며 헬라어 본문의 어떤 번역들은 히브리어 원문을 오독한 것에서 기인한 것일 수 있다.

조지 하워드는 1986년에 더 자세한 연구를 통하여 다음과 같은 결론을 내렸다.

히브리어 마태복음의 뒤틸레 본문은 라틴 불가타 역이나 구 라틴 역을 단순히 번역한 것이 아니다. 이것은 더 이른 시기의 히브리어 마태복음의 수정본 중 하나이며, 본문에서 변경된 부분이 훨씬 적은 형태가 셈 토브Shem Tob 본문이다.
뒤틸레 본문에서 수정된 것은 크게 두 가지 유형으로 볼 수 있다. 첫째는 문체의 수정이고, 둘째는 히브리어 본문이 현재의 헬라어와 라틴어 본문과 더 조화를 이루도록 수정한 것이다. 문체를 수정한 것은 대부분 문법적인 부분을 개선한 것과 동의어를 바꾼 것이다. 히브리어 본문을 헬라어와 라틴어 본문과 조화시킨 것은 유대인과 기독교인 사이의 토론과 논쟁에 있어서 공통적인 본문의 기초를 만들기 위한 목적이었다.

뒤틸레 본문과 셈 토브 본문 중 어느 것이 변경된 부분이 적은가에 대한 것은 학술적 논쟁의 여지가 있지만 스콘필드와 조지 하워드가 뒤틸레 본문에 대하여 말한 내용들은 정확한 것이다.

뒤틸레 본문에 기록된 예수님의 계보

뒤틸레 히브리어 마태복음 본문의 놀라운 특징은 아람어로 된 마태복음 구 시리아 역본과 부분적으로 매우 밀접한 관계에 있다는 것이다. 이것은 매우 중요한 특징인데 아람어 구 시리아 역본은 계속 발견되지 않은 상태로 있다가 19세기에 와서야 발견되었기 때문이다. 그렇기 때문에 중세 시대에 유럽의 서기관이나 번역가는 구 시리아 역본을 손에 넣을 수 없었을 것이다.

뒤틸레의 마태복음 사본은 구 라틴 역본을 포함하여 어떤 사본과도 일치하지 않고 오직 구 시리아 역본과 일치하는 구절들이 있다. 그중에는 현재 우리가 가진 마태복음 1장의 예수님의 계보에서 사라진 이름이 들어있다. 한글 성경의 마태복음 1장 13절은 다음과 같이 나온다.

> 스룹바벨은 아비훗을 낳고
> 아비훗은 엘리아김을 낳고
> 엘리아김은 아소르를 낳고
> 마태복음 1:13

한글 성경의 마태복음은 헬라어 사본을 기초로 번역한 것이고 헬라어 사본에도 이 순서로 기록이 되어 있다. 그러나 뒤틸레 히브리어 마태복음 사본은 아비훗과 엘리아김 사이에 '아브넬'이 들어있다. 그것을 번역하면 다음과 같다.

> 스룹바벨은 아비훗을 낳고
> 아비훗은 **아브넬을 낳고**
> **아브넬은** 엘리아김을 낳고
> 엘리아김은 아소르를 낳고
> 마태복음 1:13 뒤틸레 마태복음

　'아브넬'은 히브리어로 'אבנר' 또는 'אבינר'로 쓴다. 뒤틸레 히브리어 마태복음에서 아비훗과 그 다음에 나오는 아브넬을 히브리어로 보면 둘이 비슷한 모양을 가지고 있다.

아비훗　אביהוד

아브넬　אבינר

특히 아비훗의 마지막 글자 달렛(ד)과 아브넬의 마지막 글자 레쉬(ר)는 거의 같은 모양을 하고 있어서 종종 서로 잘못 읽는 경우가 있다.

뒤틸레의 마태복음에서 아비훗, 아브넬, 엘리아김의 이름은 히브리어로 이렇게 기록되어 있다.

אביהוד הוליד את אבנר אבנר הוליד את אליקים
엘리아김 을 낳다 아브넬 아브넬 을 낳다   아비훗

헬라어 성경에서 아브넬이 빠진 이유는 다음과 같이 추측해 볼 수 있다.

①서기관이 히브리어 원문에서 아비훗의 이름을 보고 기록한다. ②그리고 다시 히브리어 원문을 보는데 아비훗(אביהוד)과 비슷한 이름인 아브넬(אבנר)로 잘못 넘어가서 ③그 뒤의 내용을 이어서 기록한 것이다. 그 결과 위와 같이 아브넬이 빠진 형태가 되었다.

헬라어 마태복음은 이렇게 아브넬이 빠진 히브리어 사본을 번역하여 그 수가 부족하게 되었을 수 있다.

뒤틸레 본문과 공관복음

　예수님의 말씀은 마태복음, 마가복음, 누가복음, 요한복음이라는 네 개의 복음서에 각각 기록되어 있다. 이 중 앞에 나오는 세 복음서는 서로 비슷한 내용들을 포함하고 있는데 어떤 내용은 두 복음서에, 어떤 내용은 세 복음서에 공통적으로 나타난다. 그래서 이 세 복음서를 '공관복음'이라고 부른다.

　뒤틸레의 마태복음에는 헬라어 마태복음과 내용이 다르고 마가복음이나 누가복음과 일치하는 구절들이 있다. 예를 들면 예수님께서 원수를 사랑하라고 하신 말씀은 마태복음과 누가복음에 기록되어 있다. 먼저 누가복음은 이렇게 기록하고 있다.

> 그러나 너희 듣는 자에게 내가 이르노니
> 너희 원수를 사랑하며 **너희를 미워하는 자를 선대하며**
> 누가복음 6:27

　그런데 헬라어 마태복음의 병행구절에는 '너희를 미

워하는 자를 선대하며'라는 내용이 없다.

> 나는 너희에게 이르노니 너희 원수를 사랑하며
> 너희를 박해하는 자를 위하여 기도하라
> 마태복음 5:44

그러나 뒤틸레의 히브리어 마태복음에는 헬라어 마태복음에 빠진 내용이 들어 있어 누가복음의 병행구와 일치하는 것을 알 수 있다.

> 나는 너희에게 이르노니 너희 원수를 사랑하며
> **너희를 미워하는 자들을 선대하며** 너희를 박해하고
> 악의로 너희를 이용하는 자들을 위하여 기도하라
> 마태복음 5:44 뒤틸레 마태복음

마태복음 7장에서도 이와 같은 예를 볼 수 있다. 헬라어 마태복음에는

> 비판을 받지 아니하려거든 비판하지 말라
> 마태복음 7:1

이렇게 기록되어 있지만 뒤틸레의 히브리어 마태복음에는 헬라어 마태복음에 없는 내용이 기록되어 있다.

> 비판을 받지 아니하려거든 비판하지 말라
> **정죄하지 말라 그리하면 너희가 정죄를 받지 않을 것이요**
> 마태복음 7:1 뒤틸레 마태복음

이것은 누가복음의 병행구절에 나오는 내용이다.

> 비판하지 말라 그리하면 너희가 비판을 받지 않을 것이요
> **정죄하지 말라 그리하면 너희가 정죄를 받지 않을 것이요**
> 용서하라 그리하면 너희가 용서를 받을 것이요
> 누가복음 6:37

이와 같이 헬라어 마태복음과 다른 공관복음의 병행구절에서 부분적으로 일치하지 않는 부분들이 뒤틸레의 히브리어 마태복음에서는 일치하는 것을 볼 수 있다. 이것은 뒤틸레의 마태복음이 헬라어 마태복음을 번역한 것이 아니라는 것을 보여준다.

뒤틸레 본문과 필사 오류

뒤틸레의 히브리어 마태복음과 헬라어 마태복음이 서로 다른 부분을 비교해 보면 어떤 부분은 그 차이가 히브리어 마태복음을 필사하는 과정에서 발생한 오류로 인한 것임을 알 수 있다. 예를 들면 마태복음 8장 21절에서

제자 중에 **또 한 사람**이 이르되
주여 내가 먼저 가서 내 아버지를 장사하게 허락하옵소서
마태복음 8:21

헬라어 사본과 그것을 번역한 한글 성경은 '또 한 사람'이라고 나오지만 뒤틸레와 셈 토브의 마태복음에는 '한 사람'으로 나온다. '또 한 사람'은 헬라어로 '헤테로스'인데 이것은 히브리어로 '아하르(אחר)'이다. 반면 히브리어 마태복음의 '한 사람'은 히브리어로 '에하드(אחד)'라고 기록되어 있다. 두 단어를 나란히 놓고 보면

אַחַר   아하르 '또 한 사람'

אֶחָד   에하드 '한 사람'

히브리어의 두 글자는 동일하고 마지막 글자인 레쉬(ר)와 달렛(ד)이 거의 비슷하게 생긴 것을 볼 수 있다. 헬라어 마태복음을 번역한 사람은 히브리어 마태복음의 '에하드'를 '아하르'로 잘못 보고 번역하였거나, 또는 히브리어 마태복음을 필사한 서기관이 잘못 적은 사본을 번역했기 때문에 이런 차이가 발생한 것이다.

또 다른 예로, 마태복음 24장에서 제자들이 세상 끝, 마지막 때의 징조에 대하여 묻자 예수님은 이렇게 말씀하셨다.

> **불법**이 성하므로 많은 사람의 사랑이 식어지리라
> 마태복음 24:12

이 구절이 뒤틸레의 마태복음에는 이렇게 나온다.

> **배교**가 성하므로 많은 사람의 사랑이 식어지리라
> 마태복음 24:12 뒤틸레 마태복음

'불법'은 히브리어로 '라샤 또는 레샤(רשע)'이고 '배교'는 히브리어로 '파샤 또는 페샤(פשע)'다. 두 사본의 차이도 마찬가지로 히브리어 필사 오류로 인하여 생긴 것으로 볼 수 있다.

비슷하지만 또 다른 예로는 예수님이 병을 고치고 귀신을 내쫓는 기적이 온 수리아에 퍼졌다는 말씀이 있다.

그의 소문이 온 **수리아**에 퍼진지라
마태복음 4:24

뒤틸레의 마태복음에는 이 말씀이 이렇게 기록되어 있다.

그의 소문이 온 **백성**에게 퍼진지라
마태복음 4:24 뒤틸레 마태복음

두 사본의 차이는 '수리아'와 '백성'이다. '수리아는 히브리어로 '아람(ארם)'이고 '백성'은 히브리어로 '하암(העם)'이다. 두 히브리어 단어는 모양이 비슷한 것은 아니지만 '레쉬(ר)'와 '헤이(ה)'가 히브리어에서 후음으로

히브리어 마태복음 129

발음이 비슷하다. 이것은 한 사람이 히브리어 원문을 불러주고 다른 사람이 그것을 받아쓰는 과정에서 발음을 혼동하여 다른 단어로 기록한 것일 수 있다.

셈 토브의 마태복음

 마지막으로 셈 토브의 마태복음이 있다. 셈 토브 벤 이츠학 벤 샤프룻Shem Tob Ben Yitzach Ben Shaprut은 스페인 출신의 유대인 학자이자 의사였다. 그는 1380년경 '에벤 보한Even Bohan'이라는 저서를 발표했는데 거기에는 히브리어로 기록된 마태복음이 포함되어 있었다.
 셈 토브는 예수님을 믿지 않는 유대인이었다. 그가 그의 저서에 마태복음을 인용한 이유는 그것을 사용하여 기독교를 비판하기 위한 것이었다. 그가 비록 비판의 목적으로 그의 책에 마태복음을 기록했지만 그의 수고로 인하여 귀중한 히브리어 마태복음 사본이 보존될 수 있었다.
 셈 토브의 마태복음은 지금까지 발견된, 마태복음 전

체를 담고 있는 히브리어 본문 가운데 가장 이른 시기의 본문이다. 셈 토브가 이것을 기록한 시기는 14세기지만 그가 사용한 마태복음 본문은 14세기 이전의 것이다.

14세기 이전에 유대인들의 저서와 반기독교적인 저서에서 종종 히브리어 마태복음의 본문을 인용했는데 거기에 인용된 본문 중에 셈 토브의 마태복음 본문 형태와 같은 것들이 있다. 이런 저서들 중에 중요한 저서들은 다음과 같다.

> 네스토르의 책 - 6-9세기로 추정
> 밀하못 하쉠 - 야곱 벤 르우벤 저, 1170년
> 세페르 요셉 하메카네 - 랍비 요셉 벤 나단 저, 13세기
> 니짜혼 베투스 - 13세기 후반

조지 하워드George Howard는 셈 토브의 마태복음에 대하여 다음과 같이 기록했다.

> 셈 토브의 히브리어 본문의 기초가 되는 것은
> 단순한 번역문이 아니라 더 이른 시기에 작성된 것이다.
> 그러나 그것은 일련의 변경 과정을 거치게 되어

שער י"ב

פרק ראשון

אלה תולדות יש"ו בן דוד בן אברהם

אברהם הוליד את יצחק ויצחק הוליד את יעקב יעקב הוליד את יהודה ואחיו.

יהודה הוליד את פרץ וזרח מתמר פרץ הוליד את חצרון חצרון הוליד את רם רם הוליד את עמינדב עמינדב הוליד את נחשון נחשון הוליד את שלמון שלמון הוליד את בועז מרחב הזונה בועז הוליד את עובד עובד הוליד את ישי ישי הוליד את דוד דוד הוליד את שלמה משלש אשת אוריה שלמה הוליד את רחבעם רחבעם הוליד את אביה אביה הוליד את אסא אסא הוליד את יהושפט יהושפט הוליד את יורם יורם הוליד את עוזיה עוזיה הוליד את יותם יותם הוליד את אחז אחז הוליד את יחזקיהו יחזקיהו הוליד את מנשה מנשה הוליד את אמון אמון הוליד את יאשיהו

셈 토브의 히브리어 마태복음 1장

현재의 셈 토브의 본문은 원본의 온전하지 못한
형태를 갖고 있다.
- 초기 히브리어 본문의 마태복음, 1987, 223쪽

셈 토브의 마태복음은 중세 시대
유대 서기관들에 의한 수정이 있었으나
원본의 상당 부분은 남아 있는 것으로 보인다.
- 히브리어 마태복음, 1995, 178쪽

셈 토브의 마태복음은 뒤틸레나 뮌스터의 마태복음과 같은 것이 아니다. 비록 이들 사이에 내용이 일치하는 부분들이 많이 있지만 셈 토브의 마태복음과 다른 두 히브리어 마태복음은 두 개의 다른 종류이다. 조지 하워드는 이렇게 말했다.

나는 셈 토브의 히브리어 마태복음이 우리가 익숙한
마태복음 정경과는 다른 마태복음 종류라고 생각한다.
또 그것은 뮌스터나 뒤틸레의 마태복음과 같은 것이 아니다.
뮌스터와 뒤틸레의 마태복음은 기본적으로 우리의
마태복음 정경과 같은 본문이며 같은 신학을 공유하고 있다.

그러나 셈 토브의 히브리어 마태복음은
같은 신학을 갖고 있지 않으며 나는 이것을 확신한다.
- 1996년 10월 11일 조지 하워드의 발언

셈 토브의 마태복음이 뒤틸레와 뮌스터의 마태복음과 다르다는 것은 1929년 알렉산더 막스Alexander Marx에 의하여 처음 밝혀졌다. 그러나 이 본문들이 문법과 양식에 있어서 커다란 차이를 보임에도 불구하고 일부의 독특한 독법readings에 있어서 셈 토브 본문과 뒤틸레 본문, 그리고 가끔 뮌스터의 본문 사이에 일치하는 경우가 있다. 이런 경우는 마태복음 2:12, 22, 3:11, 6:16, 8:21 등 많은 구절에 존재한다.

이것은 우연의 일치로 보기 힘들다. 셈 토브, 뒤틸레, 그리고 뮌스터의 본문은 같은 유전자를 가진 한 혈통으로 연결되어 있다. 그리고 이 본문들의 관계는 셈 토브의 본문이 초기의 본문을 반영하고 있고, 뒤틸레와 뮌스터의 본문은 초기의 본문에서 나온 후대의 것이다.

이 히브리어 본문들은 이전의 기초 본문으로부터 많은 수정과 개정이 이루어졌다. 이 수정과 개정 작업의 내용은 문법적인 개선과 동의어의 교체 및 헬라어, 라틴어 본문과의 조화를 위한 개정이다.

뒤틸레와 뮌스터 본문은 더 많은 수정과 개정이 이루어져 헬라어 사본과 거의 비슷한 본문의 형태를 갖고 있지만 셈 토브 본문은 이보다 이른 시기의 본문 형태를 반영한 것으로 이들과 차이점이 있는 것이다.

뒤틸레와 뮌스터의 히브리어 본문을 헬라어 본문과 비교하는 것으로도 원래의 히브리적 의미를 아는데 도움이 되지만 셈 토브의 본문은 더 이른 히브리어 본문의 상당 부분이 남아 있기 때문에 헬라어 본문에 나오지 않는 히브리어 원문의 내용을 찾아볼 수 있다. 그러므로 셈 토브의 마태복음 본문의 가치는 상당히 크다고 할 수 있다.

헬라어 마태복음과의 비교

셈 토브의 본문과 헬라어 본문을 비교해 보면 헬라어 본문에서는 찾을 수 없는, 예수님께서 히브리어로 말씀하신 의미를 발견할 수 있다. 예수님의 말씀의 의미를 깊이 알고자 하는 사람들에게 이것은 보물이 숨겨진 밭(마 13:44)과 같다.

이제부터 셈 토브의 본문을 중심으로 뒤틸레와 뮌스터 본문을 참고하여 헬라어 본문과 다른 부분을 몇 구절 예를 들어 살펴보겠다.

마태복음 3:11

헬라어: 그는 성령**과** 불로 너희에게 세례를 베푸실 것이요

αὐτὸς ὑμᾶς βαπτίσει ἐν πνεύματι ἁγίῳ καὶ πυρί·

셈 토브: 그는 성령**의** 불로 너희에게 세례를 베푸실 것이요

והוא יטביל אתכם באש רוח הקדוש

헬라어 본문은 '성령과 불'로 구분하지만 히브리어 본문은 '성령의 불'로 하나의 세례를 말하고 있다. 헬라어

본문의 구분으로 인하여 성령 세례와 불 세례를 별개로 보는 신학적 견해가 생겼다. 그리고 일부는 성령 세례에 대하여 권능이나 은사 중심으로 치우친 개념을 갖게 되었다.

그러나 히브리어 본문은 하나님께서 우리에게 주시는 성령 세례가 바로 불 세례라는 것을 말하고 있다. 이 '성령의 불 세례'는 예수님께서 이 땅의 우리에게 주시려는 '불'이다.

> 내가 **불**을 땅에 던지러 왔노니
> 이 **불**이 이미 붙었으면 내가 무엇을 원하리요
> 누가복음 12:49

이 불 세례는 구약에 이사야 선지자를 통하여 예언된 것이다.

> 모든 육체는 풀이요 그의 모든 아름다움은 들의 꽃과 같으니
> 풀은 마르고 꽃이 시듦은 **여호와의 기운**이 그 위에 붊이라
> 이 백성은 실로 풀이로다 풀은 마르고 꽃은 시드나
> 우리 하나님의 말씀은 영원히 서리라 하라

이사야 40:6-8

여기서 '기운'은 히브리어로 '루아흐(רוח)'인데 '영'을 의미하기도 한다. 그렇다면 이것은 '여호와의 영', 곧 '성령'이 된다. 이사야는 '성령'을 통하여 우리의 육체와 육신의 추구를 소멸시키는 '불 세례'를 예언한 것이다. 야고보도 이와 같은 의미로 이 구절을 인용했다.

> 해가 돋고 **뜨거운 바람**이 불어 풀을 말리면
> 꽃이 떨어져 그 모양의 아름다움이 없어지나니
> 부한 자도 그 행하는 일에 이와 같이 쇠잔하리라
> 야고보서 1:11

'불 세례'는 우리의 '육신', '옛 사람'을 태우는 불이며, 자기를 부인하는 '십자가'를 의미한다.

마태복음 4:1

헬라어: 그 때에 예수께서 **그 영**에 이끌리어

마귀에게 시험을 받으러 광야로 가사

Τότε ὁ Ἰησοῦς ἀνήχθη εἰς τὴν ἔρημον ὑπὸ
τοῦ πνεύματος πειρασθῆναι ὑπὸ τοῦ διαβόλου.

셈 토브: 그 때에 예수께서 **성령**에게 붙들려

사탄에게 시험을 받으러 광야로 가사

אז לוקח יש״ו ברוח הקדוש
למדבר להתנסות מהשטן

헬라어 본문에 '그 영'이라고 나오지만 셈 토브 본문에는 '성령'으로 나온다. 뒤틸레 사본에는 시험 받으신 장소가 '유다' 광야라고 나온다.

마태복음 5:17

헬라어: 내가 **율법이나 선지서**를 폐하러 온 줄로
생각하지 말라 폐하러 온 것이 아니요 완전하게 하려 함이라

Μὴ νομίσητε ὅτι ἦλθον καταλῦσαι τὸν
νόμον ἢ τοὺς προφήτας· οὐκ ἦλθον καταλῦσαι
ἀλλὰ πληρῶσαι.

셈 토브: 내가 **율법**을 폐하러 온 줄로 생각하지 말라

완전하게 하려 함이라

אל תחשבו שבאתי להפר תורה אלא להשלים

셈 토브의 본문에는 '선지서'가 없고 '율법'만 있다. 그런데 셈 토브 본문의 6장 1절 뒤에는 다음과 같은 주석이 기록되어 있다.

이 모든 말은 율법의 말씀에 한 단어라도

더하려는 것이 아니며 어느 것을 **빼려는 것**도 아니다

이것은 헬라어 본문과 비슷한 의미지만 다른 내용이다. 셈 토브의 마태복음 본문은 한 번에 나온 것이 아니라 여러 권의 책으로 출판되었고 본문의 내용에 조금씩 차이가 있다. 5장 17절에 나온 내용은 나중 시기의 본문이고 주석에 있는 본문이 더 이른 시기의 마태복음의 본문으로 보인다.

앞에서 언급한 유대인들이 마태복음을 인용한 책들 중에서 6-9세기 경의 것으로 추정되는 네스토르의 책은 이 구절을 이렇게 인용했다.

내가 모세의 율법과 선지서를 폐하거나

거기서 한 단어를 **빼려고** 온 것이 아니요

나는 진리의 말씀을 완전하게 하려고 왔다.

그리고 가장 흥미로운 증거는 놀랍게도 탈무드에 들어있다. 앞에서 히브리어에 대한 외적 증거로 탈무드의 한 구절을 소개했는데 그 뒷 부분에 이것과 거의 유사한 말씀이 들어있다. 이것은 복음서를 갖고 있다가 빼앗긴 예수님을 믿는 유대인이 그것을 불태우려는 유대인들에게 예수님의 말씀을 인용해서 말한 것으로 보인다. 그 내용은 이렇다.

나는 모세의 율법에서 **제거하러** 온 것이 아니요

모세의 율법에 **더하러** 온 것도 아니다.

- 바벨론 탈무드 샤밧 116 b

헬라어 본문에는 '율법을 폐한다'는 표현만 나왔지만 셈 토브의 본문과 네스토르의 책과 바벨론 탈무드는 '율법에 더하거나 빼다'는 표현을 사용하고 있다. 바벨론 탈무드는 3-5세기경에 편찬된 것이다. 셈 토브 본문과 탈무드가 이런 공통된 내용을 갖고 있다는 것은 셈 토브 본문이 반영하는 마태복음 본문이 적어도 탈무드가 나온 시기에 존재했다는 것을 보여준다.

이것이 더 이른 시기의 형태라는 것은 구약 성경을 통해서도 짐작할 수 있다. 모세의 율법에 '내가 너희에게 명령하는 말(율법)에 가감하지 말라'는 말씀이 나오기 때문이다(신 4:2, 12:32).

> 내가 너희에게 명령하는 이 모든 말을 너희는 지켜 행하고 그것에 **가감하지**(더하거나 빼지) 말지니라
> 신명기 12:32

신약에서 이스라엘의 유명한 랍비 가말리엘의 제자로서 율법을 철저하게 배운 사울과 사도 요한도 이 표현을 사용했다.

> 형제들아 내가 사람의 예대로 말하노니
> 사람의 언약이라도 정한 후에는
> 아무도 **폐하거나 더하거나** 하지 못하느니라
> 갈라디아서 3:15

> 내가 이 두루마리의 예언의 말씀을 듣는 모든 사람에게
> 증언하노니 만일 누구든지 이것들 외에 **더하면** …
> 만일 누구든지 이 말씀에서 **제하여 버리면** …
> 계시록 22:18-19

셈 토브의 본문을 통해서 예수님이 '율법을 폐한다'고 말씀하신 것은 '율법의 말씀에 더하거나 빼다'는 것과 연결된 의미로 말씀하셨다는 것을 알 수 있다.

이와 같이 셈 토브의 히브리어 마태복음 본문에서 간단하게 몇 구절만 보더라도 그동안 헬라어 본문을 통해서 알 수 없었던 예수님의 말씀의 중요한 의미들을 발견할 수 있었다. 셈 토브 뿐만 아니라 뒤틸레와 뮌스터의 히브리어 마태복음은 예수님의 말씀을 연구하는데 있어서 중요한 자료로 앞으로 깊이 연구할 가치가 있다.

셈 토브 본문의 문학적 특징

이제부터는 셈 토브 마태복음 본문에 대하여 조금 더 자세히 살펴보고자 한다. 먼저 이 본문의 문학적 특징을 보면 셈 토브 본문은 구약의 히브리어 성경에 풍부하게 나타나는 언어 유희, 단어의 연결, 두운법과 같은 문학적 장치로 가득하다. 이런 문학적 특징은 헬라어 본문에서는 거의 찾아볼 수 없는 것이다.

1. 언어 유희

셈 토브 본문에 언어 유희가 사용된 몇 가지 예는 다음과 같다.

거룩한 것을 개에게 주지 말며
너희 진주를 **돼지** 앞에 던지지 말라
그들이 그것을 발로 밟고 **돌이켜**
너희를 찢어 상하게 할까 염려하라
마태복음 7:6

히브리어로 '돼지'는 '하지르(חזיר)'이고 '돌이켜'는 '야흐조라(יחזור)'로 발음과 모양이 비슷한 단어를 언어 유희로 사용하고 있다.

> 사람의 **원수**가 자기 **집안 식구**리라
> 마태복음 10:36

헬라어 본문에 '집안 식구'라고 나왔지만 히브리어 본문은 '사랑하는 사람들'이라는 의미로 '아후빔(אהובים)'이 사용되었다. 이것은 앞에 나오는 '원수', 히브리어로 '하오예빔(האויבים)'과 함께 언어 유희를 이룬다.

> 또 내가 네게 이르노니 너는 **베드로**라
> 내가 이 **반석** 위에 내 교회를 **세우리니**
> 음부의 권세가 이기지 못하리라
> 마태복음 16:18

이 구절은 헬라어 본문에서 사용된 언어 유희로 잘 알려진 구절이다. 헬라어 본문에는 '베드로(Πέτρος, 페트로스)'와 '반석(πέτρα, 페트라)'이 언어 유희의 짝을 이루고 있다.

그런데 이 구절의 히브리어 본문도 언어 유희를 가지고 있다. 히브리어 본문은 "너는 반석이다. 내가 네 위에 나의 기도하는 집을 세울 것이다"라고 나온다. 여기서는 '반석'의 히브리어 '에벤(אבן)'과 '세우다'의 히브리어 '에브네(אבנה)'가 언어 유희로 사용되었다. 이 두 단어는 마태복음 21장 42절에도 언어 유희로 사용되었다.

> 예수께서 이르시되 너희가 성경에
> **건축자들**(하보님, **הבונים**)이 버린 돌(에벤, **אבן**)이
> 모퉁이의 머릿돌이 되었나니 이것은 주로 말미암아
> 된 것이요 우리 눈에 기이하도다 함을 읽어 본 일이 없느냐
> 마태복음 21:42

2. 단어의 연결

히브리어 마태복음이나 히브리어 구약 성경과 같은 곳에 사용된 '단어의 연결'은 여러 문장에 같은 단어 또는 비슷한 단어를 반복적으로 사용함으로 개별적인 문장

들을 서로 묶어주는 역할을 한다. 히브리어 마태복음에서 찾을 수 있는 예는 다음과 같은 구절들이다.

> 거기서 더 가시다가 다른 두 형제 곧 **세베대**의 아들
> 야고보와 그의 형제 요한이 그의 아버지 **세베대**와 함께
> 배에서 그물 깁는 것을 보시고 부르시니
> 마태복음 4:21

> 예수께서 갈릴리 땅에 두루 다니사 그들의 회당에서
> 가르치시며 **좋은 선물**, 즉 천국 복음을 전파하시며
> 백성 중의 모든 병과 모든 약한 것을 고치시니
> 마태복음 4:23 셈 토브 마태복음

21절의 '세배대'는 히브리어로 '제브디엘(זבדיאל)'이다. 이 단어는 '선물'을 의미하는 '제브디(זבד)'와 '하나님'을 뜻하는 '엘(אל)'로 이루어졌고 '하나님의 선물'을 의미한다.

23절의 히브리어 본문은 '천국 복음' 앞에 '좋은 선물'이라고 기록되어 있다. 여기서 '선물'은 21절에 나온 것과 같은 단어인 '제베드(זבד)'이다. 21절과 23절에 반복

적으로 '제베드(זבד)'라는 단어가 사용됨으로 두 구절을 서로 연결시켜 주고 있다.

또 다른 예는 마태복음 18장 23-35절에 나오는 만 달란트 빚진 자와 백 달란트 빚진 자의 비유이다. 이 비유에는 '갚는다'는 의미의 히브리어 '샬렘(שלם)'이 반복해서 사용된다(마 18:25, 26, 29, 30, 34).

> 결산할 때에 만 달란트 빚진 자 하나를 데려오매
> 갚을 것이 없는지라 주인이 명하여
> 그 몸과 아내와 자식들과 모든 소유를
> 다 팔아 **갚게(שלם)** 하라 하니
> 마태복음 18:24-25

그리고 이 비유의 마지막에도 이 단어가 나타난다.

> 너희가 각각 **온전한(שלם)** 마음으로
> 형제를 용서하지 아니하면 나의 하늘 아버지께서도
> 너희에게 이와 같이 하시리라
> 마태복음 18:35 셈 토브 마태복음

헬라어 사본에는 '온전한'이 빠졌지만 히브리어 사본에는 '온전하다'는 뜻의 '샬렘(שלם)'이 마지막에 사용되어 이 비유 전체를 하나로 연결시키는 역할을 하고 있다.

3. 두운법

두운법이란 같은 단어나 비슷한 단어를 가까운 곳에 반복해서 배치하여 시적인 은율을 만드는 것을 말한다. 예를 들면 다음과 같다.

거기서 더 가시다가
다른 두 형제(אחים אחרים, 아힘 아헤림)
곧 세베대의 아들 야고보와 그의 형제 요한이 …
마태복음 4:21

누구든지 나로 말미암아 실족하지 아니하는 자는
복이 있도다(ואשרי אשר, 베아스레 아셰르) 하시니라
마태복음 11:6

나는 마음이 온유하니(עני אני, 아니 아니)
너희는 나의 멍에를 메고(עולי עליכם, 울리 알레켐)
마태복음 11:29

지금까지 살펴본 히브리어의 문학적인 장치들은 오직 히브리어에만 나타나고 헬라어 본문에는 나타나지 않는 것들이다.

셈 토브의 사본이 발견되었을 때 그가 14세기에 다른 언어로 된 사본, 예를 들면 라틴어 불가타 역이나 헬라어 사본에서 히브리어로 번역한 것이 아닌가라는 의문이 제기되기도 했다. 그러나 처음에 설명했듯이 셈 토브는 기독교를 비판할 목적으로 히브리어 마태복음 본문을 그의 저서에 수록했다.

그가 만약 다른 언어로 된 사본에서 히브리어로 번역한 것이라면 원문에 있지도 않은 히브리어 고유의 아름다운 문학적 특징들을 그가 비판하려고 하는 본문에 굳이 어렵게 만들어내지는 않았을 것이다.

셈 토브 본문의 언어적 특징

셈 토브의 히브리어 마태복음 본문의 언어적 특징은 성서 히브리어Biblical Hebrew를 기초로 많은 미쉬나 히브리어Mishnaic Hebrew가 사용되었고 여기에 후대(중세) 랍비 히브리어Late Rabbinic Hebrew의 어휘와 관용구가 섞여 있다는 것이다.

미쉬나 히브리어는 구약 성경을 기록한 성서 히브리어에서 나왔으나 그것과 구별되는 것이다. 미쉬나 히브리어에는 이스라엘의 바벨론 포로기 이후에 아람어의 영향으로 아람어에서 차용된 단어들이 많이 사용되었다.

미쉬나 히브리어는 로마 제국 시대인 기원후 1-4세기에 사용되었고 유대 랍비들의 문헌인 미쉬나, 탈무드에 많이 나오며 사해 문서에도 미쉬나 히브리어가 사용되었다.

셈 토브의 마태복음과 비슷한 언어적 특징을 띠는 것으로 카이로 게니자Cairo Geniza에서 발견된 벤 시라 문서Ben Sira Scroll가 있다. 벤 시라 문서는 마사다Masada에서도 발견되었는데 이것이 더 이른 시기의 사본으로 알려졌다. 쿠쳐Kutscher에 따르면 벤 시라의 원본은 주로 성서 히브리어로 되어 있고 일부 미쉬나 히브리어의 영향을 받았으며 사해 문서와 병행되는 부분이 있다.

마사다에서 발견된 벤 시라 두루마리(기원전 73년)

그런데 마사다의 문서와 중세 시대의 카이로 게니자의 문서를 비교해 보면 카이로 게니자의 문서에서는 중세 시대 서기관들이 그 시대에 맞는 본문으로 다듬기 위하여 철자와 어휘와 언어적 요소들에 수정을 가한 것이

히브리어 마태복음

보인다. 그래서 성서 히브리어, 미쉬나 히브리어, 후기 랍비 히브리어 모두를 포함하게 되었다.

셈 토브의 히브리어 마태복음 본문도 이와 비슷한 경우에 해당한다. 이 본문은 셈 토브가 저술한 14세기보다 이른 본문으로 원래는 성서 히브리어가 주를 이루며 미쉬나 히브리어의 요소들이 일부 섞여 있었다.

그런데 이것이 유대인들에 의하여 전수되면서 후대의 언어 양식에 더 잘 어울리도록 서기관들의 수정이 가해졌다. 그래서 결과적으로 지금의 성서 히브리어, 미쉬나 히브리어, 후대 랍비 히브리어가 섞인 형태가 된 것이다.

셈 토브의 본문이 중세 서기관들에 의하여 많은 수정을 거치긴 했지만 헬라어 본문이나 다른 히브리어 본문에서는 발견할 수 없는 이른 시기의 히브리어 본문의 내용들을 보존하고 있다.

셈 토브 본문의 성격

셈 토브의 히브리어 마태복음 본문은 현존하는 마태복음 본문 가운데 가장 특이한 것이다. 이 본문에는 어떤 헬라어 복음서 사본에서도 발견할 수 없는 독법들이 포함되어 있다. 이런 특이한 성격은 이 본문이 다른 사본들과는 다른 세계에서 전수된 사실로 설명할 수 있을 것이다. 헬라어 사본들은 기독교 공동체 안에서 전수되었지만 이 사본은 유대인들에 의하여 보존되었기 때문이다.

셈 토브 본문에는 이른 시기의 마태복음 본문과 일치하는 부분이 군데군데 있다. 그리고 어떤 경우에는 고대에 사라졌다가 최근에 다시 발견된 문서들과 일치하기도 한다. 이런 측면은 셈 토브 본문이 기독교 초기의 마태복음 본문 형태를 갖고 있다는 것을 보여준다.

셈 토브의 히브리어 본문과 부분적으로 일치하는 초기의 문서들로 시내 사본Codex Sinaiticus과 구 시리아 역본Old Syriac이 있다.

시내 사본은 다른 헬라어 사본들에는 존재하지 않고 오직 시내 사본에만 존재하는 독특한 독법들을 갖고 있다. 그런데 그런 독법들 가운데 셈 토브의 본문과 일치하는 부분들이 있다. 예를 들면 다음과 같다.

> 비가 내리고 창수가 나고
> **바람이 불어** 그 집에 부딪치매
> 무너져 그 무너짐이 심하니라
> 마태복음 7:27

이 구절에서 시내 사본과 셈 토브 사본에는 둘 다 '바람이 불어(καὶ ἔπνευσαν οἱ ἄνεμοι)'가 없다.

> 천국은 마치 **밭에** 감추인 보화와 같으니
> 사람이 이를 발견한 후 숨겨 두고 기뻐하며 돌아가서
> 자기의 소유를 다 팔아 그 밭을 사느니라
> 마태복음 13:44

이 구절의 경우 시내 사본과 셈 토브 사본 둘 다 '밭에(ἐν τῷ ἀγρῷ)'가 없다.

> 또 무거운 짐을 묶어 사람의 어깨에 지우되

자기는 이것을 한 손가락으로도
움직이려 하지 아니하며
마태복음 23:4

시내 사본에는 '짐($\varphi o \rho \tau i \alpha$)' 뒤에 '큰($\mu \varepsilon \gamma \alpha \lambda \alpha$)'이 추가되었고 마찬가지로 셈 토브 사본에도 '큰(גדולות)'이 있다.

셈 토브 사본과 시내 사본 사이에 일치하는 부분이 있다는 것은 매우 중요한 의미가 있다. 시내 사본은 4세기 경에 만들어진 것으로 6, 7세기 경에 개정 작업이 있었다. 그 뒤에 이 사본은 자취를 감췄고 그 이후의 역사는 알려지지 않았다. 그러다가 19세기 중반에 시내산의 성 캐더린 수도원에서 이 사본이 발견되었다.

시내산 성 캐더린 수도원

시내 사본과 셈 토브 사본의 시간과 지리적인 격차를 고려해 볼 때 셈 토브가 이 사본의 존재를 알았을 가능성은 거의 없다. 그럼에도 불구하고 두 사본 사이에 다른 사본에서는 발견할 수 없는 일치하는 부분들이 있다는 것은 두 사본이 더 이른 시기, 초기 기독교 시대의 같은 마태복음 본문에서 나온 것이기 때문이다.

셈 토브 본문과 일치하는 또 다른 초기의 문서는 구 시리아 역 사본이다. 두 본문 사이에는 다른 모든 사본에는 없고 두 사본만 일치하는 부분들이 상당히 많은데 예를 들면 다음과 같다.

헤롯이 죽은 후에 주의 사자가
애굽에서 요셉에게 현몽하여 이르되
마태복음 2:19

셈 토브와 구 시리아역 둘 다 '헤롯' 뒤에 '왕'이 추가되었다.

나는 너희로 회개하게 하기 위하여
물로 세례를 베풀거니와 …

그는 성령과 불로 너희에게 세례를 베푸실 것이요

마태복음 3:11

두 본문 모두 앞에 '보라'가 추가되었다.

기뻐하고 즐거워하라 하늘에서 너희의 상이 큼이라
너희 전에 있던 선지자들도 이같이 박해하였느니라

마태복음 5:12

두 본문 모두에 '너희 전에 있던'이 없다.

또 **안식일에** 제사장들이 성전 안에서 안식을 범하여도
죄가 없음을 너희가 율법에서 읽지 못하였느냐

마태복음 12:5

두 본문 모두에 '안식일에'가 없다.

셈 토브는 구 시리아 역본을 접할 수 없었을 것이다. 구 시리아 역 복음서는 현재 두 개의 사본만 존재하는데 4-5세기의 것으로 추정된다.

구 시리아 역은 5세기 후반 또는 6세기 초반에 페쉬타 시리아 역본Peshitta Syriac에 의하여 대체되었다. 이 때 시리아어 성경이 페쉬타 시리아 역본으로 완전히 대체되어서 구 시리아 역은 이후에 역사에서 사라졌다.

현재까지 구 시리아 역은 오직 두 사본만이 발견되었는데 하나는 1842년 아프리카 탄자니아의 시리아 수도원에서 발견되었고 다른 하나는 1892년 시내 산의 성 캐더린 수도원에서 발견되었다.

구 시리아 역본이 역사 속에서 이른 시기에 사라졌기 때문에 14세기 스페인에 있었던 셈 토브는 이 사본과 접점이 없었을 것으로 보인다. 셈 토브 본문과 구 시리아 역 사이의 일치하는 부분들이 있는 것도 역시 두 사본이 모두 초기 기독교 시대의 마태복음 본문에 기초한 것이 때문에 그런 것이라고 설명할 수 있다.

셈 토브 본문과 공관복음

마태, 마가, 누가복음은 서로 병행 구절을 가지고 있어서 공관복음이라고 불린다. 히브리어 마태복음 본문 역시 마가, 누가복음과 많은 병행 구절을 공유하고 있다.

셈 토브의 마태복음과 다른 공관복음과의 관계를 설명하기 전에 먼저 볼 것은 기존에 알려진 공관복음의 기원에 대한 가설이다. 마태, 마가, 누가복음이 서로 거의 같은, 병행되는 본문을 공유하고 있는 것에 대하여 학자들은 여러 가설을 세웠다. 그 중 가장 많이 알려진 것은 '두 자료설Two Document Hypothesis, 2DH'이다.

두 자료설이 제시하는 것은 우선 마가복음이 가장 먼저 기록되었고 마태와 누가가 마가의 자료를 참고하여 복음서를 기록해서 그들의 복음서에 마가복음의 내용과 병행하는 구절이 존재한다는 것이다.

그런데 마태복음과 누가복음에는 마가복음에 존재하지 않지만 두 복음서에 서로 병행되는 부분이 있다. 신학자들은 그 부분이 마태와 누가가 마가복음 이외에 또 다른 가상의 자료인 'Q 자료'를 참고한 것이라고 주장한다.

그래서 그들이 참고한 '마가복음과 Q자료'가 복음서의 기원이라고 주장하는 것이 '두 자료설'이다.

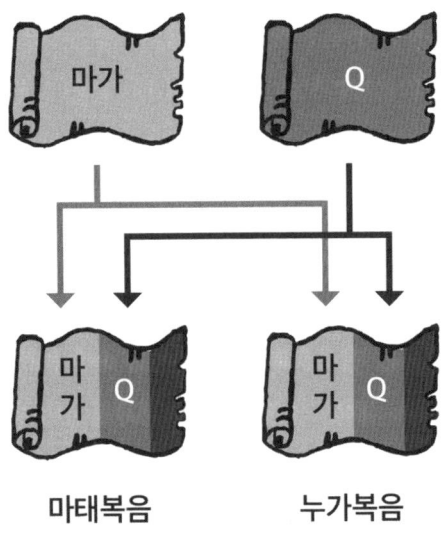

두 자료설

마태복음과 누가복음을 놓고 보면 두 복음서에서 병행하는 부분은 마가복음에 있는 부분(위 그림의 옅은 회색)과 없는 부분(중간 회색)으로 나뉜다. 편의상 두 부분을 마가부분과 Q부분이라고 부르겠다. 기존의 헬라어 본문은 마태-마가-누가가 같이 공유하는 마가부분이 마태-누가만 공유하는 Q부분보다 많았다.

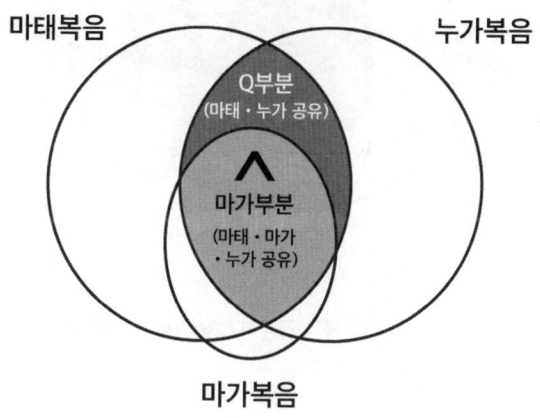

헬라어 마태복음과 공관복음(마가부분 > Q부분)

셈 토브의 본문에서 주목할 점은 히브리어 마태와 누가가 공유하는 Q부분이 히브리어 마태-마가-누가가 공유하는 마가부분보다 더 많다는 것이다. 쉽게 말하면 히브리어 마태복음은 기존의 헬라어 마태복음보다 누가복음과 공유하는 부분이 더 많다는 것이다. 그런데 이것은 단순히 더 많은 구절을 가지고 있다는 의미가 아니다.

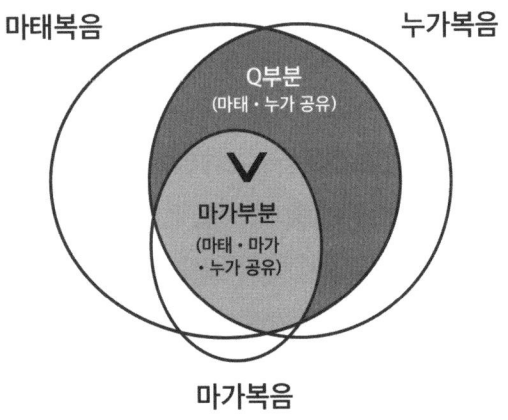

히브리어 마태복음과 공관복음(마가부분 < Q부분)

히브리어 마태복음의 5-7장에 나오는 산상수훈의 본문은 구조적으로 누가복음의 Q부분과의 연관성을 보여준다. 구체적으로 살펴 보면, 헬라어 본문의 마태복음 5-7장은 하나의 긴 가르침으로 이루어져 있다. 이것은 5장에서 예수님께서 산에 올라가서 말씀을 시작하셔서 7장 마지막에 마치시는 것으로 나온다.

예수께서 무리를 보시고 산에 올라가 앉으시니
제자들이 나아온지라 입을 열어 가르쳐 이르시되
심령이 가난한 자는 복이 있나니 천국이 그들의 것임이요

마태복음 5:1-3

...

예수께서 이 말씀을 마치시매

무리들이 그의 가르치심에 놀라니

마태복음 7:28

그런데 마태복음에 나오는 산상수훈은 누가복음의 여러 장에 걸쳐 분산되어 있다(눅 4, 6, 11-14, 16장).

예수께서 눈을 들어 제자들을 보시고 이르시되

너희 가난한 자는 복이 있나니 하나님 나라가 너희 것임이요

누가복음 6:20 = 마태복음 5:1-3

예수께서 이르시되 너희는 기도할 때에 이렇게 하라

아버지여 이름이 거룩히 여김을 받으시오며

누가복음 11:2 = 마태복음 6:9

그들이 그 가르치심에 놀라니

이는 그 말씀이 권위가 있음이러라

누가복음 4:32 = 마태복음 7:28-29

이 산상수훈 설교는 마가복음에는 없고 마태복음과 누가복음에만 나오는 부분으로 학자들은 이런 부분이 마태와 누가가 Q라는 자료를 공통적으로 참고한 것이라고 말한다.

그런데 히브리어 마태복음은 헬라어 마태복음에 하나의 긴 설교로 나오는 이 부분에 있어서 차이가 있다. 셈 토브의 히브리어 본문은 이 긴 가르침의 중간중간에 "예수께서 그의 제자들에게 말씀하시기를"이나 "그가 그들에게 말씀하시기를"이라는 내용이 들어가 있다.

너희는 세상의 소금이니 …
마태복음 5:13 헬라어 마태복음

그 때에 예수께서 그의 제자들에게 말씀하시기를
너희는 세상의 소금이니 …
마태복음 5:13 셈 토브 히브리어 마태복음

이런 삽입구는 5-7장 사이에 16번이나 들어가 있다. 이 부분을 히브리어 본문으로 보면 헬라어 본문에 하나로 나오는 산상수훈이 사실은 예수님의 여러 가르침들을 하나로 모아서 편집한 것임을 알 수 있다. 이것은 중간에 내용이 끊어지고 덜 다듬어진 거친 형태인 것이다. 반면에 헬라어의 본문은 내용이 단절되지 않도록 더 세련되게 다듬어진 형태이다.

셈 토브의 마태복음에서 이렇게 삽입구가 들어간 부분을 누가복음의 병행 본문과 비교해 보면 그곳은 누가복음에서 시간이나 장소가 바뀐 후에 하신 말씀이라는 것을 알 수 있다. 예를 들면 셈 토브의 마태복음 5장 12절과 13절 사이에 삽입구가 들어가 있다.

마태복음 5장

12 기뻐하고 즐거워하라 하늘에서 너희의 상이 큼이라
　너희 전에 있던 선지자들도 이같이 박해하였느니라
13 (삽입) **그 때에 예수께서 그의 제자들에게 말씀하시기를**
　너희는 세상의 소금이니 소금이 만일 그 맛을 잃으면
　무엇으로 짜게 하리요 …

이 구절의 병행 구절을 누가복음에서 찾아보면 12절은 누가복음 6장에 나온다.

그 날에 기뻐하고 뛰놀라 하늘에서 너희 상이 큼이라
그들의 조상들이 선지자들에게 이와 같이 하였느니라
누가복음 6:23 = 마태복음 5:12

마태복음에서 그 다음 구절인 13절의 내용은 누가복음에서 몇 장 뒤인 14장에 나온다. 14장은 6장과 다른 장소, 다른 시간에 일어난 사건을 다루고 있다.

안식일에 예수께서 **한 바리새인 지도자의 집에**
떡 잡수시러 들어가시니 그들이 엿보고 있더라
누가복음 14:1 - 시간, 장소의 이동

그리고 여기서 마태복음의 다음 구절인 13절의 소금의 비유가 나온다.

소금이 좋은 것이나 소금도 만일 그 맛을 잃으면
무엇으로 짜게 하리요
누가복음 14:34 = 마태복음 5:13

이것을 보면 마태와 누가는 산상수훈을 기록하는데

있어서 공통된 자료를 참고했지만 마태는 그것을 5-7장에 하나의 긴 설교로 편집한 반면 누가는 실제 일어난 사건의 시간, 장소에 따라서 나눠서 기록한 것으로 보인다. 그리고 히브리어 마태복음 본문의 중간중간에 있는 삽입구들은 마태가 편집한 초기의 사본에 남아 있는 흔적으로 보인다.

다음은 기존의 헬라어 마태와 누가복음에서 다르지만 히브리어 마태와 누가복음에서는 일치하는 구절들에 대한 예이다.

예수께서 이르시되 **또 기록되었으되**
주 너의 하나님을 시험하지 말라 하였느니라 하시니
마태복음 4:7 헬라어 마태복음

여기에 나오는 '기록되었으되'가 셈 토브의 마태복음에는 없는데 이것은 누가복음과 일치한다.

예수께서 대답하여 이르시되
주 너의 하나님을 시험하지 말라 하였느니라
마태복음 4:7 셈 토브 = 누가복음 4:12

또 다른 구절을 보면

그러므로 염려하여 이르기를 무엇을 먹을까
무엇을 마실까 **무엇을 입을까** 하지 말라
마태복음 6:31 헬라어 마태복음

이 구절에 나오는 '무엇을 입을까'가 셈 토브의 마태복음에는 빠졌고 이것은 누가복음과 일치한다.

그러므로 염려하여 이르기를 무엇을 먹을까
무엇을 마실까 하지 말라
마태복음 6:31 셈 토브 = 누가복음 12:29

이처럼 헬라어 마태복음보다 이른 시기의 형태를 보존하고 있는 셈 토브의 히브리어 마태복음은 누가복음과 더 많은 유사점을 보이고 있다. 이것은 두 자료설에서 말하는 Q자료의 존재에 대한 더 확실한 증거가 될 수 있다.

하지만 히브리어 마태복음과 누가복음의 병행 부분에 있어서 마가복음에 기록된 부분보다 마가에 없는 부분이 더 많다는 것은 마가복음 우선설에 대한 입지를 오히려 약화시킨다. 달리 생각해 보면 마태와 누가가 마가의 자료를 참고한 것이 아니라 마가와 누가가 마태의 자료를 참고한 것으로 볼 수 있다.

신학계에서는 마태복음이 가장 먼저 기록되었다는 가설도 있다. 그것이 맞다면 복음서 가운데 마태복음이 가장 앞에 나오는 것이 이치에 맞게 된다. 이 가설은 기존에 마태, 마가, 누가복음과 성격이 다른 것으로 분류된 요한복음과 셈 토브 히브리어 마태복음 본문과의 비교를 통해서 더욱 확고해진다.

셈 토브 본문과 요한복음

요한복음은 다른 복음서들과 일치하는 구절이 상대적으로 적은 편이다. 그러나 셈 토브의 히브리어 마태복음은 다른 복음서에는 없지만 요한복음과 일치하는 부분들이 존재한다. 예를 들면 다음과 같은 구절들이 이에 해당한다.

> **자기의 생명을 사랑하는 자**는 잃어버릴 것이요
> 이 세상에서 자기의 생명을 미워하는 자는
> 영생하도록 보전하리라
> 요한복음 12:25

요한복음에는 '자기 생명을 사랑하는 자'라고 나오지만 헬라어 마태복음에는 이와 다르게 '자기 목숨을 얻는 자'(마 10:39)로 나오고 마가복음과 누가복음에는 '자기 목숨을 구원하고자'(막 8:35, 눅 9:24)라고 나온다. 그러나 셈 토브의 마태복음은 요한복음과 같은 '자기 생명을 사랑하는 자(האוהב את נפשו)'라고 기록되어 있다.

유월절이면 내가 너희에게
한 사람을 놓아 주는 전례가 있으니 …
요한복음 18:39

요한은 이 때를 '유월절'이라고 했지만 헬라어로 된 세 공관복음서는 모두 '명절'(마 27:15, 막 15:6, 눅 23:17 일부 사본)로 기록했다. 그러나 셈 토브의 마태복음은 요한복음과 같은 '유월절'로 기록했다.

빌라도가 패를 써서 십자가 위에 붙이니
나사렛 예수 유대인의 왕이라 기록되었더라
요한복음 19:19

요한은 빌라도가 십자가 위에 붙인 패에 쓴 내용을 '나사렛 예수 유대인의 왕'이라고 기록했다. 그러나 헬라어 마태복음은 '나사렛'이 없고 '유대인의 왕 예수'(마 27:37)라고만 썼다고 나오고 마가복음과 누가복음은 더 짧게 '유대인의 왕'(막 15:26, 눅 23:38)이라고만 기록했다. 그러나 셈 토브의 마태복음은 '나사렛 예수 이스라엘의 왕'이라고 기록했다.

셈 토브의 히브리어 마태복음이 헬라어 마태복음이나 다른 공관복음에는 존재하지 않는, 요한복음과 일치하는 부분을 갖고 있는 것에 대하여 다음과 같은 가능성들을 생각해 볼 수 있다.

첫째는 셈 토브가 기존의 히브리어 마태복음 본문에 요한복음을 참고하여 기록한 것이다. 둘째는 요한복음의 저자가 셈 토브의 마태복음과 같은 유형의 자료를 참고하여 그의 복음서에 넣은 것이다.

첫 번째 가능성에 대해서는 셈 토브가 기독교를 비판하려는 목적으로 마태복음을 인용했기 때문에 굳이 이런 노력을 했을 것 같지는 않다. 그가 자기의 목적을 위하여 요한복음에서 틀린 내용이나 비판할만한 내용을 가져왔다면 모를까 오히려 마태복음에 요한복음과 일치하는 내용을 삽입하여 복음서 사이에 더 조화를 이루도록 만들지는 않았을 것이다.

그렇다면 요한복음과 히브리어 마태복음의 일치에 대하여 설명할 수 있는 것은 두 번째 가능성이다. 요한복음의 저자는 현재 전해지는 헬라어 마태복음 본문이 아니라 셈 토브에 들어있는 이른 시기의 히브리어 본문 일부를 사용하여 그의 복음서를 기록했을 가능성이 크다.

지금까지 살펴본 것처럼 셈 토브의 히브리어 마태복음 본문은 헬라어 마태복음 본문과 확연한 차이가 있다. 셈 토브의 마태복음은 헬라어 마태복음보다 더 이른 시기의 본문이며 누가복음만이 아니라 요한복음과 일치하는 부분도 더 많이 포함하고 있다.

여기서 생각해 볼 수 있는 것은 셈 토브의 마태복음이 헬라어 마태복음의 이른 시기의 형태가 아니라 두 마태복음 본문이 서로 다른 뿌리에서 나온 것일 수 있다는 것이다. 셈 토브의 마태복음은 지금은 전해지지 않는 초기에 사용된 마태복음 본문에서 나온 것이고 헬라어 마태복음은 그와는 다른 형태의 더 나중 시기의 마태복음 본문에서 나온 것일 가능성이 있다.

그렇다면 셈 토브의 히브리어 마태복음의 뿌리가 되는 마태복음 본문은 무엇인가? 그것은 마태가 기록한 최초의 복음서인가?

히브리인들의 복음

예수님을 처음 믿은 유대인들은 '나사렛파'로 알려졌다. 이 이름은 사도행전에도 기록되어 있다.

> 우리가 보니 이 사람은 전염병 같은 자라
> 천하에 흩어진 유대인을 다 소요하게 하는 자요
> **나사렛 이단**의 우두머리라
> 사도행전 24:5

4세기의 교부인 제롬은 나사렛파에 대하여 "그렇게 메시아를 영접한 그들은 옛 율법을 지키는 것을 그만두지 않았다"고 기록했다. 4세기의 또 다른 교부인 에피파니우스는 더 자세하게 설명했다.

이 종파는 자기들을 기독교인이라 부르지 않고 "나사렛 사람"이라 불렀다. … 그러나 그들은 그냥 온전한 유대인이었다. 그들은 신약만이 아니라 다른 유대인들처럼 구약 성경을 사용했다. 그들의 생각은 다르지 않았고 유대인의 방식으로 정확히 율법이 말하는 것을 모두 고백했으나 그들과 다른 점은 메시아에 대한 그들의 믿음 뿐이었다. 그들은 죽은 자의 부활과 하나님이 만물을 창조하신 것 둘 다를 인정하며 하나님은 한 분이시고 그분의 아들은 메시아 예수라고 선언한다. 그들은 히브리어를 꼼꼼하게 배운다. 그들은 유대인들과 마찬가지로 율법과 선지서와 성문서 전체를 히브리어로 읽는다. … 그들은 다름 아닌 유대인들이다.

- 에피파니우스, Panarion 29

메시아를 믿는 이 고대의 유대인 종파는 알려지지 않은 복음서를 사용했는데 그것은 '히브리인들의 복음'으로 알려졌다. 제롬은 이 복음서를 가리켜 '나사렛파 사람들과 에비온파 사람들이 사용하는 복음'이라고 했다.

'히브리인들의 복음'이라는 이름은 이방인 기독교인들이 붙인 것으로 보인다. 이 복음서는 '사도들의 복음', '12인의 복음', '마태복음'으로 불리기도 했는데 이 가운데 하나가 히브리인들이 사용한 이름일 수 있다.

안타깝게도 히브리인들의 복음은 역사 속에서 사라졌고 그 사본은 하나도 전해지지 않았다. 그렇지만 교부들의 책을 비롯한 다양한 자료에 이 복음서를 언급하는 내용이 약 50개 정도 남아 있다.

히브리인들의 복음은 다른 어떤 복음서 사본들보다도 이른 시기인 1세기 경에 존재했던 것으로 보인다. 가장 보수적인 신학자 중 하나인 조쉬 맥도웰Josh McDowell은 그의 저서Evidence that Demands a Verdict, p. 38에서 히브리인들의 복음이 기록된 시기를 기원후 65-100년 사이로 보고 있다. 유세비우스는 기원후 180년 경 헤게시푸스Hegesippus가 히브리인들의 복음을 사용하여 책을 썼다고 말했다(유세비우스 교회사 4.22.8).

제롬은 기원후 98년에 이그나티우스Ignatius가 쓴 편지Letter to the Smyraneans 3:1-2, 1:9-12에서 인용한 복음서의 구절이 히브리인들의 복음에서 인용한 것이라고 했다(Of Illustrious Men 16).

교부들만이 아니라 현대의 신학자들도 이 복음서에 대하여 오래 전부터 알고 있었고 이것을 매우 중요한 문서로 여겼다. 반스Barnes는 이렇게 기록했다.

히브리인들의 복음은 그 제목 자체로,
이후에 교회의 승인을 받게 된 네 복음서와
동일한 권위를 나타내고 있다.
- 반스, 히브리인들의 복음, 신학 연구 저널 6, 1905, 361쪽

스콘필드는 이렇게 기록했다.

여기에 분명하게 예수님의 진리에 대한
가장 중요한 증거가 있다.
- 휴 스콘필드, 히브리인들의 복음, 1937, 13-18쪽

제롬은 그의 마태복음에 대한 주석에서 히브리인들의 복음이 '마태복음의 원본'이라고 말했다. 그러나 이 복음서를 인용한 다른 곳을 보면 그 구절들은 헬라어 마태복음에는 없고 누가복음에만 있는 구절들이다.

이 복음서의 정체는 무엇인가? 이것은 현재 우리가 가지고 있는 사복음서의 기원이 되는 자료일 가능성이 크다.

공관복음의 문제 The Synoptic Problem

마태, 마가, 누가복음을 묶어서 공관복음Synoptic Gospels이라고 부른다. 이렇게 부르는 이유는 세 복음서가 거의 비슷한 구절들을 상당수 공유하고 있기 때문이다. 공관복음의 문제는 이 복음서들 사이의 유사성과 상호간의 관계를 어떻게 설명할 수 있는가에 관한 문제이다. 이 문제는 5세기의 교부인 어거스틴에 의하여 처음 언급되었다.

어거스틴의 가설은 마태복음이 처음 기록되었고, 마가가 마태복음의 자료를 사용하여 축약된 형태로 기록했으며, 누가는 마태와 마가의 자료를 사용하였고, 요한은 세 복음서를 사용하여 기록했다는 것이다(De Consensu Evangeliston 1.2.4).

현재 가장 인정 받고 있는 가설(두 자료설)은 마가복음이 가장 먼저 기록되었고 마태와 누가가 마가복음과 또 다른 자료인 Q 자료를 참고하여 기록했다는 것이다.

마가복음 우선설의 문제점

그러나 사복음서의 저자와 내용을 볼 때 마가복음 우선설보다는 마태복음 우선설이 더 확실해 보인다. 마가복음이 가장 먼저 기록되었다는 가설은 여러 가지 문제를 안고 있다.

우선 마태는 예수님을 따르는 제자로 그분의 일대기를 직접 목격한 증인이었다. 반면 마가는 예수님의 사건을 직접 목격한 사람이 아니다. 예수님의 일대기를 직접 눈으로 보고 그분의 가르침을 직접 귀로 들은 마태가 그 이야기를 베드로를 통해서 간접적으로 전해 들은 마가보다 더 늦게 기록했을 것 같지는 않다.

게다가 마태가 공관복음에 모두 등장하는 자신에 대한 이야기, 즉 예수님께서 마태를 부르시고 그의 집에서 식사하시는 이야기(마 9:9-13, 막 2:13-17, 눅 5:27-32)를 자신의 경험으로 직접 쓰지 않고 다른 사람의 자료를 참고해서 기록했을 것으로 보이지는 않는다.

둘째로 사복음서 가운데 가장 유대적인 복음서는 마태복음이다. 마태복음은 형식과 내용 면에서 가장 유대적인 성격을 띠고 있다. 예수님께서 가장 먼저 복음을 전하신 대상은 '이스라엘 집의 잃어버린 양들'(마 10:6, 15:24)인 유대인들이었고 사도들 역시 유대인들의 회당을 중심으로 전도를 했다(행 14:1).

초기의 복음은 유대인을 대상으로 전해졌고 당연히 최초에 기록된 복음서도 그들을 대상으로 하는 유대적인 내용으로 기록되었을 것이다. 그렇다면 가장 유대적인 성격을 갖는 복음서인 마태복음이 가장 먼저 기록되었다고 보는 것이 자연스럽다.

셋째로 마가복음을 히브리어로 번역한 로버트 린제이 Robert Lindsey는 마가복음에 나오는 '그리고 즉시'(καὶ εὐθὺς, 한글 성경에는 '곧')이라는 표현에 주목했다. 이 표현은 마가복음에 40번 이상 나오지만(막 1:10, 12, 18, 20 등) 다른 복음서에서는 아주 적게 사용되었다. 누가는 이 표현을 한 번 사용했지만(눅 6:49) 그 구절은 마가복음에 들어있지 않은 구절이다.

마가복음과 누가복음이 병행되는 구절에서 마가는 이 표현을 여기저기 많이 사용했지만 누가는 이 표현을 한 번도 사용하지 않았다. 누가가 다른 구절에서 사용하기도 했던 이 표현을 마가복음에서 가져올 때는 일부러 모두 삭제했을 가능성은 적다.

또한 이 '그리고 즉시'라는 표현은 히브리어에서 사용되지 않고 헬라어에서 공통적으로 사용되는 표현이다. 이런 언어학적 증거는 누가가 마가의 자료를 참고한 것이 아니라, 반대로 마가가 누가의 자료를 참고하여 기록하면서 '그리고 즉시'라는 헬라어의 표현을 삽입했음을 보여준다. 마가복음은 이 표현 외에도 다른 헬라어적 요소들을 포함하고 있다. 그러므로 마가복음을 가장 먼저 기록한 복음서로 보기는 힘들다.

지금까지 본 것처럼 마가복음 우선설은 여러 문제를 가지고 있다. 오히려 마태복음이 가장 먼저 기록되었다고 보는 것이 타당해 보인다.

최초의 복음서

마태복음이 가장 먼저 기록되었다는 가설은 교부들의 증언에 의하여 뒷받침된다.

> 히브리어로 작성한 **최초의 복음서는 마태**가 쓴 것으로 … 유대교에서 믿게 된 자들을 위하여 기록되었다.
> - 오리겐, 유세비우스 교회사 VI.25.4

> **마태는 처음에** 히브리인들에게 복음을 전했고
> 그가 다른 사람들에게 가려고 할 때
> 그의 복음을 그의 모국어로 기록하여 전달했다.
> - 유세비우스, 유세비우스 교회사 III.24.6

교부들은 마태복음이 가장 먼저 기록되었다고 말했다. 그런데 그들이 증언하는 마태복음은 헬라어 마태복음이 아니라 지금은 존재하지 않는 히브리어 마태복음이다. 제롬은 이렇게 기록했다.

나사렛파와 에비온파가 사용하는 그 복음서를
내가 나중에 히브리어에서 헬라어로 번역했는데
많은 사람들이 그것을 **마태의 원본**이라고 불렀다.
- 제롬, 마태복음 12:13의 주석

제롬은 나사렛파와 에비온파가 사용하는 복음서에서 번역한 것이 마태복음이라고 말했다. 이레니우스는 '에비온파가 사용한 복음서는 마태복음 뿐이다'(Heresies 1:26:2)라고 했고 유세비우스는 그들이 '사용하는 복음서는 히브리인들의 복음이라고 불린다'(교회사 3:27:4)고 했다.

에피파니우스는 에비온파의 복음서가 '마태복음 또는 히브리인들의 복음'(Panarion 30:16:4-5)으로 불린다고 말했다. 교부들이 증언하는 히브리어 마태복음은 '히브리인들의 복음'을 가리키는 것이었다.

그런데 휴 스콘필드는 '정경으로 전해지는 (헬라어) 마태복음은 더 큰 작품을 축약한 것이며 … 히브리인들의 복음이 마태복음 정경의 자료 중 하나일 가능성이 매우 크다'고 기록했다(According to the Hebrews, 1937, p. 248).

스콘필드가 이렇게 주장하는 근거는 위에서 교부들이 증언한 마태복음에서 인용한 구절들 중에 헬라어 마태복음에 없는 구절들이 있기 때문이다. 헬라어 마태복음은 초기의 복음서 자료인 히브리인들의 복음을 요약해서 편집한 본문인 것이다.

히브리인들의 복음을 연구한 많은 학자들은 이 복음서 안에 공관복음의 기원의 문제에 대한 해답이 들어있다고 생각했다.

1778년 고트홀드 에브라임 레싱Gotthold Ephraim Lessing은 히브리인들의 복음이 공관복음을 기록하는데 있어서 가장 중요한 자료였다고 했고, 1886년 힐겐펠드 Hilgenfeld는 많은 학자들이 마가복음에서 복음서의 기원을 찾으려고 헛수고를 하지만 히브리인들의 복음이 우리에게 복음의 기원을 제시한다고 했다(The Hilbert Journal 3, 1904). 1905년 반스A. S. Barnes는 히브리인들의 복음이 Logia(Q) 자료와 동일한 것이라고 제안했다 (Journal of Theological Studies 6, 1905, p. 361). 이들의 주장을 종합하면 히브리인들의 복음은 공관복음의 기원이 되는 복음서이다.

사복음서의 기원인 히브리인들의 복음

 학자들이 공관복음이 히브리인들의 복음에서 나왔다고 보는 것은 현재 여러 자료에 인용되어 남아 있는 히브리인들의 복음의 내용 가운데 기존의 헬라어 마태복음에는 없고, 다른 복음서들과 병행되는 구절들이 포함되어 있기 때문이다.

 우선 헬라어 마태복음은 히브리인들의 복음에서 나온 것으로 그것을 요약해서 편집한 본문이다. 그리고 위에서 설명한 것처럼 마가복음은 처음 기록된 복음이 아닌 것으로 보이며 마가복음의 661개의 구절 가운데 606개가 헬라어 마태복음 본문에 들어 있는 것을 봐서는 마가가 마태복음을 사용하여 기록했다고 볼 수 있다.

 누가는 그의 복음서의 시작 부분에 예수님에 대한 '목격자와 말씀의 일꾼 된 자들이 전하여 준' 자료가 존재했음을 증언했다.

우리 중에 이루어진 사실에 대하여
처음부터 목격자와 말씀의 일꾼 된 자들이 전하여 준

그대로 내력을 저술하려고 붓을 든 사람이 많은지라

누가복음 1:1-2

누가는 그의 복음서를 기록할 때 그 '처음부터 예수님을 목격한 말씀의 일꾼 된 자들', 곧 사도들의 기록을 사용한 것이다. 그 사도들의 기록 중 하나는 히브리인들의 복음일 것이다. 히브리인들의 복음에는 다른 복음서에는 없고 누가복음과만 병행을 이루는 부분들이 있기 때문이다. 그 구절들은 다음과 같다.

예수께서 … 삼십 세쯤 되시니라

누가복음 3:23

천사가 하늘로부터 예수께 나타나 힘을 더하더라

누가복음 22:43

내가 … 너희와 함께 이 유월절 먹기를 원하고 원하였노라

누가복음 22:15

아버지 저들을 사하여 주옵소서

누가복음 23:34

요한복음도 히브리인들의 복음의 내용을 일부 사용한 것으로 보인다.

시몬 베드로와 또 다른 제자 한 사람이 예수를 따르니
이 제자는 **대제사장과 아는 사람이라**
예수와 함께 대제사장의 집 뜰에 들어가고
요한복음 18:15

예수님의 제자 중 한 명이 대제사장과 아는 사이라는 것은 오직 요한복음에만 나오는데 이 내용이 히브리인들의 복음에도 포함되어 있다. 또한 요한복음 19장에 나오는 예수님이 십자가를 지시는 이야기도 어느 정도 히브리인들의 복음과 병행을 이루고 있다. 그렇다면 공관복음만이 아니라 요한복음까지, 사복음서 모두가 히브리인들의 복음을 사용하여 기록한 것으로 보인다.

지금 우리에게 전해진 복음서가 히브리어로 기록된 최초의 복음서를 기초로 하고 있다는 것은 중요한 의미가 있다. 그것은 우리가 가진 사복음서가 모두 히브리적 배경에서 작성되었다는 것이다. 그렇다면 비록 복음서의 사본들이 헬라어로 된 것들이지만 그 내용은 히브리적 관점에서 봐야 한다.

마태복음의 경우 히브리어 사본들의 발견으로 히브리어의 단어와 표현들을 직접 찾아볼 수 있다. 그리고 다른 세 복음서가 헬라어로 기록된 것이고 일부 헬라어의 요소들이 삽입되어 있다 하더라도 히브리어 원문의 내용을 유추해 볼 수 있다.

이것은 마태복음의 병행구절을 참고하여 알아볼 수도 있고 전에 언급한 구약의 70인역을 참고하는 방법도 있다. 복음서에 사용된 헬라어가 구약의 70인역에서 어떤 히브리어와 대응이 되는지를 찾아보면 그것의 히브리적인 의미를 발견할 수 있다.

그러나 70인역을 통하여 구약의 히브리어를 찾는 방법에는 한계가 있다. 구약의 70인역은 기원전 3세기에 번역된 반면 복음서의 헬라어 번역은 그보다 수백 년 후에 이루어졌다. 또한 70인역은 성서 히브리어로 기록된 구약을 번역한 것이지만 신약의 복음서는 성서 히브리어 외에 많은 미쉬나 히브리어가 포함되어 있다. 그래서

70인역으로는 미쉬나 히브리어의 뜻을 아는 것이 불가능하다.

  예수님이 말씀하신 히브리적인 가르침의 뜻을 더 정확히 이해하려면 추가적으로 미쉬나 히브리어에 대한 지식이 필요하다. 미쉬나 히브리어에 대한 내용은 뒤에서 다루도록 하겠다.

히브리인들의 복음과 셈 토브의 마태복음

앞 부분에서 몇 개의 히브리어 마태복음 사본에 대하여 알아 보았고 그 중에 더 이른 시기에 작성된 셈 토브의 마태복음에 대하여 살펴보았다. 그리고 셈 토브의 마태복음 본문이 헬라어 마태복음과 다른 것이며 더 이른 시기의 본문으로 헬라어 마태복음에 없지만 누가복음 및 요한복음과 일치하는 내용을 포함한다는 것을 알았다.

이후에 교부들이 증언하는, 헬라어 마태복음의 원본이자 다른 복음서들을 기록하는데 사용된 최초의 복음서인 히브리인들의 복음에 대하여 알아보았다.

그렇다면 셈 토브의 마태복음은 히브리인들의 복음과 같은 것인가? 히브리인들의 복음이 사라졌기 때문에 본문 전체를 비교하는 것은 불가능하다. 그러나 이 최초의 복음서에 대한 인용문이 다수 남아 있으므로 부분적인 비교는 가능하다.

교부들의 기록과 기독교 전승에 남아 있는 인용문들을 셈 토브의 마태복음 본문과 비교해 보면 이 본문이 히브리인들의 복음과 다르다는 것을 알 수 있다. 그러나 셈 토브의 본문은 이것과 일부 일치하거나 거의 비슷한 내용들도 가지고 있다. 예를 들면 다음과 같다.

하나님의 성령이 비둘기 같이 내려
자기 위에 **임하심**을 보시더니
마태복음 3:16

히브리인들의 복음 – '머물다(rested)'
셈 토브의 마태복음 – '거하다(dwelt)'

예수 그리스도의 계보의 책이라
마태복음 1:1 헬라어 마태복음

히브리인들의 복음(= 셈 토브) – '예수의 계보는 이러하다'

그가 저주하며 맹세하여
마태복음 26:74

히브리인들의 복음 – '그들이 부인하고 맹세하고 저주하며'
셈 토브의 마태복음 – '그들이 부인하고 맹세하며'

이처럼 셈 토브의 마태복음은 헬라어 마태복음과 다르게 히브리인들의 복음과 병행하는 내용들을 부분적으로 포함하고 있다. 그리고 셈 토브의 본문은 헬라어 마태복음에는 없는, 누가복음이나 요한복음과 병행하는 내용들을 가지고 있다. 이 내용들은 히브리인들의 복음에도 포함되어 있었을 것이다. 이것으로 미루어 볼 때 셈 토브의 마태복음 본문은 최초에 작성된 히브리인들의 복음보다는 이후의 것이지만 헬라어 마태복음보다는 이른 시기의 것으로 보인다.

이런 의미에서 셈 토브의 마태복음은 복음서를 연구하는 자료로써 중요한 가치가 있다. 첫째는 이것이 온전한 형태는 아니더라도 복음서에 사용한 히브리어 단어와 표현을 알 수 있는 직접적인 자료라는 것이며, 둘째는 헬라어 본문에서 사라진 초기에 기록된 말씀의 내용들을 상당수 보존하고 있다는 것이다. 그래서 이 본문을 통하여 그동안 몰랐던 예수님의 가르침을 발견할 수 있다는 것이다.

히브리어로 재해석한 예수님의 말씀

히브리어로 기록된 예수님의 말씀으로 그동안 예수님의 가르침에 대하여 잘못 알려지거나 뜻이 불분명했던 해석을 바로 잡을 수 있다. 예를 들면 다음에 나오는 말씀은 많은 기독교인들이 제대로 이해하지 못했던 말씀들 중 하나이다.

> 서기관들과 바리새인들이 모세의 자리에 앉았으니
> 그러므로 무엇이든지 **그들이 말하는 바는 행하고 지키되**
> 그들이 하는 **행위는 본받지 말라**
> 그들은 말만 하고 행하지 아니하며
> 마태복음 23:2-3

이 말씀을 읽어보면 서기관들과 바리새인들이 가르치는 말씀은 모두 행하고 지키되, 그들은 자기들이 말한대로 행하지 않는 사람들이기 때문에 그들의 행위는 본받지 말라는 뜻으로 보인다. 이 말씀대로라면 서기관들과 바리새인들이 말한 모든 것을 행하고 지켜야 한다.

그런데 예수님은 그들이 말하는 것을 지키지 않으신 일이 너무나 많다. 예수님은 다른 날보다 특히 유대인들이 일하지 말라고 정한 안식일에 많은 병든 자들을 고치셨고(마 12:10, 요 5:8 등) 제자들도 예수님을 본받아 안식일에 밀밭에서 이삭을 잘라 먹고(눅 6:1) 손을 씻지 않고 음식을 먹었다(막 7:3). 이것은 모두 서기관들과 바리새인들의 가르침을 어기는 일이었다.

게다가 예수님은 서기관들과 바리새인들이 가르치는 것을 사람의 계명(마 15:9), 장로들의 전통(마 15:2-3), 외식(마 15:7)이라고 꾸짖으시며 그들이 그들의 계명, 전통으로 하나님의 계명을 범한다고 말씀하셨고

> 대답하여 이르시되 너희는 어찌하여
> **너희의 전통으로 하나님의 계명을 범하느냐**
> 마태복음 15:3

그들의 '누룩'(마 16:6)과 같은 '가르침'을 주의하라고 하셨다.

그제서야 제자들이 떡의 누룩이 아니요

바리새인과 사두개인들의 교훈을 삼가라고
말씀하신 줄을 깨달으니라
마태복음 16:12

예수님은 마태복음 23장에서 서기관들과 바리새인들이 하는 모든 말은 지키고 행해야 한다고 하셨으면서 예수님과 제자들은 그것을 계속 어기고 그들의 교훈을 주의하라고 하신 것을 보면 예수님의 가르침이 모순된 것처럼 보인다. 그러나 이것은 처음에 살펴본 마태복음 23장 2-3절의 말씀을 잘못 해석했기 때문이다.

히브리어 마태복음에 기록된 이 구절의 내용은 우리가 그동안 이해했던 것과 다르다. 이것을 이해하기 위해서는 먼저 앞에서 말씀하신 '모세의 자리'가 무엇인지 알아야 한다. 모세의 자리는 출애굽기로 거슬러 올라간다.

이튿날 모세가 백성을 재판하느라고 앉아 있고
백성은 아침부터 저녁까지 모세 곁에 서 있는지라
출애굽기 18:13

모세의 장인 이드로가 모세에게 왜 그렇게 하루 종일

앉아 있냐고 묻자 모세는 그의 장인에게 그 자리에서 하는 일에 대하여 다음과 같이 설명했다.

> 그들이 일이 있으면 내게로 오나니
> 내가 그 양쪽을 **재판하여**
> **하나님의 율례와 법도를 알게** 하나이다
> 출애굽기 18:16

모세가 '모세의 자리'에 앉아서 한 일은 백성을 재판하고 율례와 법도를 가르치는 일로 하나님께서 명령하신 율법을 백성들이 실제로 어떻게 지키고 적용할 것인가에 대하여 가르친 것이었다.

이 모세의 자리는 예수님 시대에 회당에도 있었다. 랍비들은 이 자리에서 율법과 선지서의 말씀을 읽고 그것을 해석했다. 예수님도 이 자리에서 구약 성경을 읽고 설교하셨다.

> 예수께서 … 안식일에 늘 하시던 대로
> 회당에 들어가사 **성경을 읽으려고** 서시매
> 선지자 이사야의 글을 드리거늘

책을 펴서 이렇게 기록된 데를 찾으시니

누가복음 4:16-17

서기관들과 바리새인들은 율법을 읽고 그것을 해석하는 모세의 자리에 앉은 것이고 그들에게 그 권리가 주어진 것이다. 다시 마태복음 23장의 말씀을 보면

서기관들과 바리새인들이 모세의 자리에 앉았으니
그러므로 무엇이든지 **그들이 말하는 바**는 행하고 지키되 …

마태복음 23:2-3

헬라어 마태복음에는 '그들이 말하는 바'라고 나온다. 그런데 히브리어 마태복음에는 이렇게 기록되어 있다.

… ועתה כל אשר יאמר
… 말하다　~하는　모든 것　이제

헬라어 마태복음에는 '말하다(εἴπωσιν, 에이포신)'가 복수형이 사용되었지만 히브리어 마태복음에서 '말하다(יאמר, 요메르)'는 단수형이 사용되었다. 그런데 '서기

히브리어 마태복음　199

관들과 바리새인들'은 복수이기 때문에 말하는 주체는 그들이 아니다. 여기서 '말하나'의 주체는 그들이 아니라 단수인 '모세의 자리' 또는 '모세'이다.

그렇다면 '그 또는 그것이 말하는 바'는 '서기관들과 바리새인들의 말'이 아니라 '모세가 말한 것', 곧 '율법'을 가리키는 것이다. 예수님은 율법과 그들의 가르침을 구분해서 말씀하셨다. 이것은 히브리어 본문의 3절에 명확하게 기록되어 있다.

그들이 하는 **행위**는 본받지 말라

마태복음 23:3

헬라어 성경에는 이렇게 나오는데 '행위'는 헬라어로 'ἔργα(에르가, 행위들)'가 사용되었다. 이것은 정확히 '행위들'을 말한다. 그러나 히브리어 성경은 다음과 같이 기록되어 있다.

… ובתקנותיהם ומעשיהם

… 그들의 행위와 **그들의 규정에서**

히브리어 마태복음에는 헬라어 마태복음에 없는 '그들의 규정들에서(ובתקנותיהם)'라는 부분이 들어 있다. 그리고 그들의 규정과 행위를 말할 때 둘 다 복수형 소유격인 'הם(헴, 그들의)'이 사용되었는데 여기서 그들은 '서기관들과 바리새인들'이다. 이것은 앞에서 단수로 말한 '모세가 말한 것'과 구별됨을 보여준다.

여기서 '규정'은 히브리어로 'תקנה(타카나)'인데 영어로는 'regulation, ruling, enactment' 등으로 번역된다. '타카나'라는 히브리어는 구약 성경에 한 번도 사용되지 않았다. 이것이 구약 성경에 한 번도 나오지 않는 이유는 이 '규정'이 구약의 율법에 기록되지 않은, 후대에 유대인들이 율법을 실생활에서 어떻게 지킬 것인가를 고민하여 만들어낸 '사람의 계명'이기 때문이다. 이 단어는 랍비들의 문헌에 등장한다.

예수님은 '모세가 말한 율법'과 서기관들과 바리새인들이 그것에 대하여 가르치는 '규정들'을 구분해서 말씀하신 것이다. 그래서 히브리어 마태복음의 의미를 살려서 이 구절을 번역하면 이렇게 된다.

서기관들과 바리새인들이 모세의 자리에 앉았으니
이제 **그가 말하는 모든 것(율법)은 행하고 지키되**
그들의 규정에서 그들의 행위는 행하지 말라 …
마태복음 23:2-3 셈 토브 히브리어 마태복음

예수님은 율법은 행하되 그들의 규정과 행위는 행하지 말라고 말씀하신 것이다. 그리고 3절의 뒷부분은 이렇게 나와 있다.

그들은 말만 하고 행하지 아니하며
마태복음 23:3

히브리어 마태복음도 비슷한 의미로 이렇게 기록되어 있다.

그들이 말은 하지만 그들이 행함은 없다
마태복음 23:3 셈 토브 히브리어 마태복음

여기서 그들이 하는 '말'은 앞에 나오는 '그가 하는 말', 즉 '율법'을 말하고 뒤에 나오는 '행함'은 '율법을 행함'이 없다는 것이다. 그들이 말로는 율법을 말하지만 그들이 만들어낸 사람의 계명을 지킴으로 오히려 성경에 기록된 하나님의 말씀을 행함이 없다는 말씀이다. 이것은 예수님이 그들을 꾸짖으신 말씀과 일치한다.

> 이 백성이 입술로는 나를 공경하되 마음은 내게서 멀도다
> 너희의 전통으로 하나님의 말씀을 폐하는도다
> 마태복음 15:8,6

히브리어 마태복음을 통해서 예수님께서 마태복음 23장의 앞부분에서 말씀하신 것의 원래의 의미를 알면 그것이 뒤에서 말씀하시는 가르침과 완벽환 조화를 이룬다는 것을 알 수 있다.

4절에서는 예수님은 그들이 만든 '규정'을 '무거운 짐'이라고 말씀하시고, 그들의 '행위'를 '외식'이라고 혼내신다(5, 13절). 그 뒤에 그들이 성전과 제단에 대한 맹세(16-22절)와 십일조(23절)와 정결(24-28절)에 대하여 만든 '규정들'이 모두 외식이고 그들이 오히려 율법, 하나님의 말씀은 지키지 않고 있다고 말씀하셨다.

화 있을진저 외식하는 서기관들과 바리새인들이여
너희가 율법의 더 중한 바 정의와 긍휼과 믿음은 **버렸도다**
마태복음 23:23

    지금까지 살펴본 것처럼 예수님의 말씀을 원래 기록된 히브리어로 볼 때 그동안 애매하거나 잘못 알려진 말씀의 의미를 훨씬 더 명확하게 알 수 있다. 그리고 그렇게 볼 때 예수님의 가르침들 사이에 서로 맞지 않는 부분들이 조화를 이루는 것을 알 수 있다. 앞으로 히브리어 마태복음 본문을 통해서 그동안 잘못 알려지고 감추어졌던 예수님의 천국 복음이 어떻게 빛을 발하게 될지 무척 기대된다.

    그런데 히브리어로 기록된 마태복음을 연구하기 위해서 반드시 필요한 지식이 있다. 그것은 앞서 여러 번 언급한 '미쉬나 히브리어'이다.

    위에 소개한 말씀에 나온 히브리어 '타카나'의 의미를 알아보는 것은 쉽지 않은 일이었다. 구약 성경의 히브리어 본문은 그동안 오랜 기간 많은 학자들이 연구한 자료가 있어서 쉽게 찾아볼 수 있는 반면, 히브리어 마태복음에 대한 자세한 연구 자료는 거의 찾아볼 수 없었는데 이것은 아직까지 히브리어 마태복음 사본들이 인정 받지 못하고 존재 자체도 잘 알려지지 않았기 때문이다.

본문에 나온 대부분의 히브리어 단어들은 구약 성경에 사용된 곳을 찾아서 그 의미를 알 수 있었다. 그러나 '타카나'와 같은 단어들은 구약 성경 시대 이후에 만들어져 랍비들이 사용했던 것으로 구약 성경에서는 찾을 수 없는 표현이다. 이런 후대에 만들어진 단어나 표현들은 미쉬나 탈무드와 같은 유대 문헌을 통해서만 알 수 있는 것인데 유대 문헌을 찾아보는 일도 쉽지 않은 일이다.

그래서 히브리어로 기록된 예수님의 말씀을 더 정확하게 연구하는데 있어서 꼭 필요한 것이 '미쉬나 히브리어'이며 이것을 알기 위하여 필요한 자료가 '유대 문헌들'이다.

미쉬나 히브리어

　예수님 시대에 이스라엘 사람들이 사용한 히브리어는 '미쉬나 히브리어'였다. 이것은 구약 성경에 사용된 성서 히브리어와 구별되는 것이다.
　셈 토브의 마태복음에는 구약 성경에 기록된 성서 히브리어 외에도 예수님의 시대에 사용했던 미쉬나 히브리어가 많이 사용되었다. 미쉬나 히브리어의 존재는 헬라어로 번역된 복음서 본문을 통해서도 확인할 수 있다. 헬라어 본문은 히브리어의 표현들을 직역한 부분이 많이 남아 있기 때문이다.
　미쉬나 히브리어는 이스라엘이 바벨론 포로기를 겪으며 아람어 문화권과의 지속적인 교류로 그들이 사용하던 히브리어에 많은 아람어의 영향을 받으면서 생겨났다.

예수님의 시대에 유대교의 지도자들은 크게 성전 중심의 제사장들로 이루어진 사두개인들과 서기관, 율법교사, 랍비 등으로 대표되는 바리새인들이 있었다. 이들 가운데 바리새인들이 이스라엘 사람들의 존경을 받았다.

그들은 율법을 잘 지키고 보호하려는 목적으로 '구전 율법'이라는 것을 만들어서 율법을 철저하게, 문자적으로 지키는 것을 강조하고 그것이 거룩에 이르는 방법이라 가르쳤다. 이런 그들의 구전 율법은 주로 미쉬나와 게마라, 둘을 합친 탈무드는 랍비 문헌에 기록되었다.

그런데 랍비들의 가르침을 기록한 문헌에는 미쉬나 히브리어가 많이 사용되었다. 이런 이유로 미쉬나 히브리어를 '랍비 히브리어Rabbinic Hebrew'라고 부르기도 한다.

예수님은 바리새인들과 자주 교류하셨다. 바리새인들이 예수님을 초청하여 함께 식사한 일도 여러 번 있었다.

> 한 바리새인이 예수께 자기와 함께 잡수시기를 청하니
> 이에 바리새인의 집에 들어가 앉으셨을 때에
> 누가복음 7:36

그들이 예수님을 자주 찾아와 율법에 대하여 묻거나 논하거나 비판하는 일들도 많았다. 예수님도 주로 꾸짖는 말씀을 많이 하셨지만 바리새인들을 대상으로 많은 말씀을 하셨다.

예수님과 바리새인들이 이렇게 많은 대화를 할 수 있었던 것은 예수님께서 그들이 율법을 논할 때 사용하는 언어인 랍비 히브리어(미쉬나 히브리어)의 표현과 비유들을 사용하셨기 때문이다. 또한 학자들에 의하면 예수님의 가르침은 1세기 이스라엘의 종파 가운데 바리새파에 가장 가까웠다고 한다. 이런 이유로 바리새인들은 예수님의 말씀에 공감하는 부분이 많았을 것이다.

바리새인들 중에는 예수님을 존경하는 의미로 '랍비(선생님)'라고 부르는 사람들이 많았다. 복음서의 많은 구절에 바리새인들(마 9:11, 눅 19:39)과 바리새파에 해당하는 서기관들(마 8:19, 12:38, 막 12:32, 눅 20:39)과 율법교사들(눅 10:25, 11:45)이 예수님을 '랍비'라고 부른 것이 기록되어 있다.

이처럼 예수님은 바리새인들과 그들의 가르침을 받은 이스라엘 사람들이 잘 알아들을 수 있는 말씀으로 그들을 가르치셨다. 그리고 그런 표현이 풍부하게 사용된 예수님의 가르침은 제자들에 의하여 복음서에 고스란히 기록되었다. 그러므로 예수님의 말씀을 이해하는 또 하나의 중요한 열쇠는 '미쉬나 히브리어'이다.

복음서에 사용된 미쉬나 히브리어의 예를 보면 다음과 같다.

1. '하나님'의 완곡한 표현 '하늘'

아들이 이르되 아버지 내가 **하늘**과 아버지께
죄를 지었사오니 …
누가복음 15:21

'탕자의 비유'에서 탕자가 돌아와서 아버지께 자신의 잘못을 고백하는 장면에 나오는 말씀이다. 여기서 '하늘'은 '하나님'을 가리키는 완곡한 표현 가운데 하나로 앞에서 설명한 것이다. 그런데 이 표현은 구약 성경에는 사용되지 않았고 당연히 구약 성경을 번역한 70인역에도 나오지 않는다. 이것은 구약 성경 이후의 히브리어에만 있는 관용적 표현이다.

2. 남방 = 스바

심판 때에 **남방 여왕**이 일어나 이 세대 사람을 정죄하리니
마태복음 12:42

서기관들과 바리새인들이 예수님께 표적을 구하자 예수님이 그들을 꾸짖으며 하신 말씀이다. '남방 여왕(βασίλισσα νότου)'은 히브리어로 같은 뜻인 '말캇 테만(מלכת תימן)'을 직역한 것이다.

이것은 열왕기상 10장 등에 나오는 '스바의 여왕(말캇 스바, מלכת שבא)'과 같은 뜻으로 역시 구약 성경 시대 이후의 히브리어에서만 사용되는 표현이다. 헬라어나 아람어에서는 '남방'이 '스바'와 같은 의미로 사용되지 않는다(그린츠 1960:39).

3. 혈육 = 유한한 생명을 가진 인간

이를 네게 알게 한 이는 **혈육**이 아니요
마태복음 16:17

베드로가 그 유명한 '주는 그리스도시요 살아 계신 하나님의 아들이시니이다'라는 고백을 하자 예수님이 하신 말씀이다. 여기서 '혈과 육($\sigma\grave{\alpha}\rho\xi\ \kappa\alpha\grave{\iota}\ \alpha\hat{\iota}\mu\alpha$)'은 헬라어로 그 뜻이 명확하지 않은 표현이다.

이것은 미쉬나 히브리어의 관용적 표현인 '바사르 바담(בשר ודם, 살과 피)'을 직역한 것으로 '유한한 생명을 가진 인간'을 의미한다. 이 표현 역시 70인역이나 아람어에서 찾아볼 수 없는 것이다. 구약에서는 이와 같은 의미로 앞부분인 '바사르'만 사용되었다.

내가 하나님을 의지하였은즉 두려워하지 아니하리니
혈육(בשר, 바사르)을 가진 사람이 내게 어찌하리이까
시편 56:4

4. '바브'의 다양한 의미

무릇 자기 아내를 **버리고**
다른 데 장가 드는 자도 간음함이요
누가복음 16:18

예수님께서 '간음'에 대하여 가르치시는 말씀인데 잘 이해가 되시 않는 말씀이다. 이 구절을 해석하는 핵심은 '~고(καὶ, 그리고)'이다.

헬라어 'καὶ(카이)'는 영어의 'and'에 해당하는 것으로 '그리고'를 의미한다. 이것은 히브리어 'ו(바브)'를 번역한 것이다. 영어 성경과 한글 성경은 헬라어 'καὶ(카이)'를 '그리고'로 번역했지만 원래 사용된 히브리어 'ו(바브)'는 다른 의미로 사용된 것이다.

히브리어 'ו(바브)'는 '그리고'라는 접속사로 사용되지만 다른 언어보다 훨씬 더 다양한 의미로 사용된다. 그 뜻은 '그러나, 또는, 그래서, 그러므로, 즉, 왜냐하면, ~하는 동안, 반면에' 등이며 이 외에도 다른 의미들을 포함하고 있다.

또 히브리어 '바브'는 다른 언어에서 사용되지 않을 만한 위치에도 사용된다. 이런 히브리어 문장을 번역할 때는 이 '바브'를 무시해야 한다. 히브리어 바브는 이렇게 다양한 뜻으로 사용되기 때문에 이것을 단순히 '그리고'로 번역하면 원래의 의미가 애매해진다.

바브의 또 다른 의미는 '~하기 위하여'이다. 이런 의미의 바브는 구약 성경과 미쉬나 히브리어 모두에서 자주 사용된다. 누가복음 16장 18절에 사용된 '바브'도 이런 뜻으로 사용된 것이다. 이런 목적을 나타내는 바브의 의미를 살려 다시 번역하면 이렇게 된다.

> 누구든지 다른 여자에게 **장가 들려고**
> 자기 아내를 버리는 자는 간음함이요
> 누가복음 16:18

몇 가지 예로 살펴본 것처럼 예수님의 말씀에는 구약 성경 이후에 생긴 히브리적 표현들이 자주 사용되었다. 이것은 히브리어 구약 성경과 그것을 헬라어로 번역한 70인역에 사용되지 않았기 때문에 구약을 다룬 문서들을 통해서는 그 뜻을 알 수 없다. 그래서 예수님의 말씀을 더 정확히 이해하기 위해서 미쉬나 히브리어에 대한 지식이 필요한 것이다.

미쉬나 히브리어는 랍비들의 문헌에 기록되어 있다. 랍비들의 문헌에 사용된 미쉬나 히브리어를 연구하면 예수님이 그들의 언어를 통해서 말씀하신 가르침을 이해하는데 큰 도움을 얻을 수 있다.

현재까지 남아 있는 서구 기독교의 오랜 반유대주의

정서로 기독교는 유대인을 버림 받은 민족으로 여기고 랍비들의 문헌에 큰 관심이 없었다. 만약 예수님의 가르침이 랍비들의 문헌과 관련이 있다는 것을 더 일찍 알고 이것에 관심을 기울이고 연구한 학자들이 더 많이 있었다면 우리는 지금보다 훨씬 더 예수님의 말씀을 깊이 이해하고 깨달을 수 있었을 것이라는 아쉬움이 남는다.

맺음말

 예수님을 믿는 이방인인 우리 크리스찬들은 2천년 가까이 우리를 구원하신 예수님의 말씀을 제대로 알지 못했다. 그것은 우리가 우리를 위하여 자기 목숨을 버리신 예수님과 그분의 말씀에 대하여 무관심과 잘못된 지식을 갖고 있었기 때문이다.

 예수님은 히브리인들의 땅에 히브리인으로 오셔서 히브리어로 말씀하셨다. 이 사실은 역사 속에서 오랫동안 사라졌던 이스라엘이 20세기 중반에 다시 국가로서 재탄생하기 직전에 이스라엘 땅에 오랫동안 숨겨져 있었던 고대 유대인들의 문서가 발견되면서 알려지기 시작했다.

 이 사건은 다리오 왕의 시대에 발견된 두루마리로 인하여 하나님의 성전의 건축이 완성되었다는 에스라서의 기록을 떠올리게 한다.

> 이에 다리오 왕이 조서를 내려 문서창고 곧
> 바벨론의 보물을 쌓아둔 보물전각에서 조사하게 하여
> **한 두루마리를 찾았으니** 거기에 기록하였으되
> 고레스 왕 원년에 조서를 내려 이르기를
> 예루살렘에 있는 하나님의 성전 곧 제사 드리는 처소를
> 건축하되 …
> 다리오 왕 제육년 아달월 삼일에 **성전 일을 끝내니라**
> 에스라 6:1-3,15

예수님께서 이 땅에서 히브리어로 가르치신 그분의 말씀은 제자들에 의하여 히브리어로 기록되었다. 히브리어는 다른 언어에는 없는 고유의 히브리적인 의미와 표현들을 가지고 있다. 구약 성경은 이런 히브리어의 관용구들로 기록되었다.

구약 성경이 기록된 이후 예수님이 이 땅에 오셨을 때는 많은 변화가 있었다. 그러나 하나님의 말씀은 창세부터 마지막까지 영원히 변하지 않는 진리의 말씀이다. 예수님은 이 땅에서 자기의 말이 아니라 오직 아버지이신

하나님의 말씀을 가르치셨다. 그 말씀은 히브리 언어의 요소와 구조로 이루어진 말씀이다. 그 히브리적인 말씀은 제자들이 히브리어로 그의 말씀을 기록한 책들에 그대로 녹아들었다.

2천 년이 지난 후인 지금 이 시대에 예수님의 말씀을 처음 기록한 책들은 역사 속 어딘가에서 사라졌다. 그러나 예수님의 말씀은 다양한 형태로 우리에게 남아 있다. 그것은 마치 이 '세상'이라는 '밭'(마 13:38)에 '감추인 보화'(마 13:44)'와 같다. 한 보화는 헬라화 된 서구 사회에 헬라어로 기록되어 숨겨졌고 다른 보화는 처음 말씀을 받은, 모든 민족 중에 가장 적은 민족인 이스라엘 사람들의 기록 안에 숨겨졌다.

하나님께서 이스라엘의 솔로몬 왕 및 그의 건축자들과 이방의 두로 왕 히람 및 그의 건축자들이 힘을 합하여 성전을 짓게 하신 것처럼(왕상 5:18) 이제 마지막 때에 하늘의 진정한 새 예루살렘을 이루시기 위하여 이방과 이스라엘 가운데 숨겨진 보화를 찾을 왕들을 찾고 계신다. 그것은 예수님의 말씀을 구하고 찾고 두드리는 자에게 열릴 것이다. 이 책을 읽는 독자들도, 나도 자신을 드려 그 보화를 값 주고 사는 한 사람이 되기를 소망한다.

참고 문헌

David Bivin & Roy Blizzard Jr., Understanding the Difficult words of Jesus: New Insights from a Hebrew Perspective, Treasure House, 1994.

David Maas, The Original Language of Matthew's Gospel - Greek Not Hebrew.

George Howard, Hebrew Gospel of Matthew, Mercer University Press, 1995.

James Hope Moulton, A Grammar of New Testament Greek: Volume 2, T&T Clark, 1929.

James Murdock, The Syriac New Testament, H. L. Hastings & Sons, 1915.

James Scott Trimm, The Hebrew and Aramaic Origin of the New Testament, The Institute for Nazarene Jewish Studies, 2005.

Jehosua M. Grintz, Hebrew as the Spoken and Written Language in the Last Days of the Second Temple, Jerusalem, Israel.

Moshe Bar Asher, Mishnaic Hebrew: An Introductory Survey, Hebrew University, 1999.

Steven E. Fassberg, Which Semitic Language Did Jesus and Other Contemporary Jews Speak?, The Hebrew University of Jerusalem, 2012.

Talmud Bavli, Sefaria.org.

William F. Dankenbring, What is "Moses' Seat"?

William R. Osborne, A Linguistic Introduction to the Origins and Characteristics of Early Mishnaic Hebrew as it Relates to Biblical Hebrew, Midwestern Baptist Theological Seminary, 2011.